CW00503227

Air fryer

*El extraordinario libro de delicias
saludables para el corazón,
fritas al aire.*

La gran escuela de cocina

Edición

Copyright © 2022 – *La gran escuela de cocina*

Todos los derechos reservados.

Los derechos del material de texto utilizado aquí pertenecen expresamente al autor. La difusión o utilización del material está completamente prohibida. En caso excepcional de que parte de esta publicación sea reproducida, distribuida o transmitida en cualquier forma o por cualquier medio se requiere el consentimiento expreso del autor.

Índice de contenidos

Recetas vegetarianas...

Introducción al edén de delicias fritas al aire

¿Alguna vez te has preguntado cuál sería la mejor manera de disfrutar de tus recetas favoritas de manera sencilla y mucho más saludable?

Hace algunos años ya que las freidoras de aire se han instalado en la sociedad y han marcado una gran tendencia, y un gran cambio, en el mundo de las dietas, y en el mundo de la alimentación en general. Este simpático artefacto con forma cilíndrica, con una cesta antiadherente y un mango que puede ubicarse cómodamente en tu encimera, ha revolucionado por completo la forma en la que día a día buscamos alternativas más saludables a aquellos platos que nos gustan pero que quizás no son tan nutritivos.

Tal como su nombre lo indica, la freidora de aire se ha impuesto como una alternativa a las freidoras convencionales, con un factor imbatible: no utiliza aceite, ni lo necesita. Gracias a ella podrás hacer patatas fritas, tacos, tortillas, croquetas, y todas las recetas que más te gustan sin tener que agregar ningún tipo de grasa para darles esa textura crocante, ese sabor exquisito, o ese hermoso color dorado.

Las freidoras de aire trabajan de una manera muy similar a la de los hornos de convección, con un ventilador que se encarga de mover el aire caliente por todo el interior de su cesta a gran velocidad para lograr una cocción pareja y muy rápida, con un promedio de tiempo de cocción de 15-20 minutos para casi cualquier receta.

¿Quieres también preparar comidas que no son típicamente fritas? Las freidoras de aire tienen este aspecto cubierto. Afortunadamente, con ellas puedes cocinar casi cualquier cosa que se te ocurra de la misma manera en la que trabajarías en el horno o en el sartén, por lo que prepárate para también aprender a hacer arroz, pasteles e incluso distintos tipos de pan. Nuevamente, al basarse en la convección de aire caliente y no en el uso de aceite, los resultados finales variarán según los ingredientes, el programa y el tiempo de cocción.

Con un consumo eléctrico mucho menor al de otros artefactos de cocina, facilidad para la limpieza (las cestas son típicamente aptas para lavavajillas), y un muy amplio repertorio de recetas y opciones para probar, las freidoras de aire son sin dudas una genial alternativa para sumar opciones más saludables a la dieta, sin abandonar aquellas cosas que nos gustan.

En este libro encontrarás 150 recetas para que prepares en tu air fryer separadas en entrantes, platos con pescado, con carne, vegetarianos… ¡y por supuesto, postres!

Esperamos que lo disfrutes y que te diviertas innovando en tu cocina con este práctico ayudante y abundante libro de recetas.

¡Buen provecho!

Entrantes

1 Aros de cebolla

4 porciones | 20 minutos de cocinado

Ingredientes

125 g Harina multiusos
1 Huevo
200 g Panko
1 Cebolla, *cortada en rodajas de ½ cm y separada en anillos*
1 cdita Pimentón ahumado
½ cdita Sal
1 cda Agua
Spray de AOVE

1. Combinar la harina, el pimentón ahumado y media cucharadita de sal en un plato. En otro, batir ligeramente el huevo y el agua.
2. Mezclar el panko y la media cucharadita de sal restante en un tercer plato.
3. Pasar los aros de cebolla por la mezcla de harina, sacudiendo el exceso. A continuación, sumergirlos en la mezcla de huevo, dejando que el exceso escurra. Por último, pasar los aros de cebolla por la mezcla de panko, presionando los lados para que se peguen bien.
4. Cubrir ambos lados de los aros de cebolla con spray de AOVE.
5. Colocar cada uno de los aros en la cesta de la freidora de aire en una sola capa y cocinar a 190°C durante aproximadamente 10 minutos o hasta que estén dorados y crujientes por ambos lados, dándoles la vuelta a los 6 minutos.
6. Retirar de la freidora de aire... *¡Y a disfrutar!*

*Para el aderezo: mezclar **2 cdas** de mayonesa, **2 cdas** de ketchup, **½ cdita** de sal, **1 cdita** de pimentón, y **algunas gotas** de salsa picante.*

340 Calorías | 4 g Grasas | 62 g Carbohidratos | 11 g Proteínas

2 Dedos de mozzarella

4 porciones (4 dedos p.p.) | 20 minutos de cocinado

Ingredientes

8 Bastones de queso mozzarella
55 g Harina
2 Huevos
200 g Panko
1 cdita Mezcla de especias italiana
½ cdita Sal
½ cdita Ajo en polvo
¼ cdita Pimienta negra recién molida
2 cdas AOVE
150 ml Salsa marinara *(opcional)*

1. Añadir la harina a un bol y batir los huevos en otro. En un tercer bol, mezclar el pan rallado, las especias italianas, el ajo en polvo, la sal y la pimienta negra.
2. Pasar los bastones de mozzarella por la harina, sumergirlos en la mezcla de huevos batidos y pasarlos por la mezcla de pan rallado.
3. Colocarlos en una bandeja para hornear cubierta con papel para horno con espacio entre ellos. Colocar la bandeja en el congelador durante al menos 30 minutos.
4. Precalentar la freidora a 200 grados. Untar los palitos de mozzarella con aceite de oliva o rociarlos con spray de AOVE.
5. Colocarlos en la cesta de la freidora con espacio entre ellos. Cocinar durante 5 minutos o hasta que estén dorados y crujientes.
6. Vigilarlos de cerca. Si el queso comienza a escaparse, retirarlos rápidamente de la freidora, y servir con un poco de salsa marinara.

¡Delicioso!

507 Calorías | 19 g Grasas | 54 g Carbohidratos | 27 g Proteínas

3 Albondiguitas

12 porciones (4 albóndigas p.p.) | 15 minutos de cocinado

Ingredientes

½ **kg** Carne de cerdo molida
1 **kg** Carne de ternera molida
4 Huevos
200 **g** Pan rallado
1 **cdita** Cebolla en polvo
1 **cdita** Ajo en polvo
1 **cdita** Sal
1 **cda** Mezcla de especias italianas
85 **g** Queso parmesano

1. Colocar las dos carnes molidas en un bol grande para mezclar.
2. En otro bol, batir los 4 huevos, y después, agregarlos a la mezcla de carne.
3. Incorporar a la mezcla el pan rallado, la sal, el ajo en polvo, la cebolla en polvo, y el condimento italiano. Revolver todo junto.
4. Añadir el queso parmesano a la mezcla. Revolver todo muy bien para combinar por completo.
5. Separar la carne y formar las albóndigas con las manos húmedas para que no se peguen.
6. Añadir las albóndigas a la bandeja de la freidora de aire, separadas uniformemente para que ninguna de ellas se toque.
7. Hornear a 205°C durante 5 minutos. Transcurrido este tiempo, es necesario cambiar las bandejas: poner la bandeja inferior en la rejilla superior y la superior en la inferior.
8. Cocinar durante otros 5 minutos. Finalmente, después de sacarlas de la freidora de aire, espolvorear con sal marina al gusto.

325 Calorías | 10 g Grasas | 12 g Carbohidratos | 42 g Proteínas

4 Raviolis fritos

2 porciones | 25 minutos de cocinado

Ingredientes

12 Raviolis rellenos de queso
100 g Panko
2 cdas AOVE
1 cda Harina
1 huevo
1 cdita Ajo en polvo
½ cdita Orégano
½ cdita Sal
½ cdita Pimienta negra
Spray de AOVE

1. En un plato apto para microondas, combinar el panko con el aceite de oliva. Calentar en el microondas removiendo cada 30 segundos, durante 1-2 minutos hasta que se dore.
2. En un bol, mezclar el huevo, la harina, el ajo en polvo, el orégano, la sal y la pimienta negra. Cubrir cada ravioli con la mezcla de huevo, escurriendo el exceso. Cubrir con el panko.
3. Rociar la cesta de la freidora con spray de AOVE y añadir una sola capa de ravioli. Cocinar a 190°C durante 12-15 minutos, dándoles la vuelta a mitad del tiempo. Si los raviolis parecen secos, rociar con un poco más de aceite.

¡Un delicioso snack!

382 Calorías | 19 g Grasas | 42 g Carbohidratos | 10 g Proteínas

5 Chips de boniato

4 porciones | 25 minutos de cocinado

Ingredientes

2 Boniatos medianos
1 cda AOVE
2 cdas Azúcar moreno
1 cdita Pimienta de cayena
1 cdita Ajo en polvo
1 cdita Comino molido
1 cdita Sal

1. Cortar los boniatos en rodajas finas.
2. Con las manos, mezclar en un bol con el aceite todas las rodajas para que cada una quede ligeramente cubierta.
3. Mezclar el azúcar moreno, la cayena, el comino y la sal en un bol pequeño. Si ha salido agua de los boniatos mientras estaban quietos, escurrirlos bien.
4. Espolvorear la mezcla de condimentos sobre los boniatos y revolver para que cada rodaja tenga el condimento.
5. Colocarlos en una sola capa en la freidora de aire, tocándose o superponiéndose un poco entre sí.
6. Freír a 180°C durante 6-9 minutos en función de lo finas que sean las rodajas. Es importante prestar mucha atención en este paso para que no se quemen.
7. Sacudir la cesta a mitad de tiempo o remover ligeramente para que se despeguen del fondo.
8. Cuando estén hechos, retirar los chips y colocarlos en una rejilla para que se enfríen, de este modo, quedarán más crujientes.

¡A saborear!

132 Calorías | 4 g Grasas | 24 g Carbohidratos | 1 g Proteínas

6 Espárragos con jamón
2 porciones | 10 minutos de cocinado

Ingredientes

10 Espárragos trigueros
10 lonchas Jamón serrano
1 cdita Sal
2 cdas AOVE

1. Cortar la parte inferior de los espárragos, que suele ser más dura.
2. Colocarlos en un bol y rociarlos con aceite de oliva y sal, masajeando con las manos para distribuir bien los ingredientes.
3. Envolver cada espárrago en una loncha de jamón y colocarlos en la bandeja de la freidora, con cuidado de no superponerlos.
4. Freír durante 5 minutos a 180ºC. Servir calientes o fríos.

¡Una idea sencilla y muy rica!

368 Calorías | 26 g Grasas | 9 g Carbohidratos | 25 g Proteínas

7 Chips de kale

6 porciones | 30 minutos de cocinado

Ingredientes

100 g Kale
2 cdas AOVE
½ cdita Sal
½ cdita Ajo en polvo
½ cdita Cebolla en polvo

1. Picar las hojas de kale en trozos grandes. Enjuagar y secar bien las hojas. En un tazón grande, mezclar las hojas con aceite de oliva para cubrirlas.
2. Mezclar el ajo en polvo, la sal, la cebolla en polvo y la pimienta. Verter la mezcla sobre las hojas de kale y revolverlas para cubrir.
3. Colocar en la cesta de la freidora. No apilar las hojas una encima de otra. Freír a 180°C durante 6 minutos. Agitar la cesta y cocinar durante 2 minutos más.
4. Transferir los chips de kale a una bandeja para hornear para que se enfríen. Colocarlos en una sola capa para evitar que se humedezcan.
5. Transferir los chips enfriados en un recipiente hermético y guardarlos a temperatura ambiente hasta 2 días.

¡Sencillos y deliciosos!

75 Calorías | 7 g Grasas | 3 g Carbohidratos | 0.8 g Proteínas

8 Garbanzos crocantes

4 porciones | 20 minutos de cocinado

Ingredientes

500 g Garbanzos de lata, *escurridos y lavados*
1 cda AOVE
1 cdita Cebolla en polvo
1 cdita Ajo en polvo
1 cdita Pimentón ahumado
½ cdita Sal

1. Precalentar la freidora a 200°C.
2. Escurrir y enjuagar los garbanzos (no es necesario secarlos). Mezclar con aceite de oliva y especias.
3. Poner toda la tanda de garbanzos en la cesta de la freidora. Cocinar durante 12-15 minutos, agitando algunas veces para que se separen.
4. Cuando los garbanzos estén cocidos a gusto, sacarlos de la freidora, probarlos y añadir más sal y pimienta al gusto.
5. Guardar en un recipiente abierto…

¡Y a disfrutar!

491 Calorías | 11 g Grasas | 77 g Carbohidratos | 24 g Proteínas

9 Palomitas de maíz

1 porción | 10 minutos de cocinado

Ingredientes

50 g Maíz crudo
1 cda AOVE
1 cdita Pimentón
1 cdita Sal

1. Precalentar la freidora de aire a 205°C y cubrir la cesta con papel de aluminio.
2. Colocar los granos de maíz sobre el papel y rociar con el aceite. Revolver bien para cubrirlos.
3. Colocar en la freidora precalentada y cocinar durante 8 minutos, o hasta que la mayoría haya estallado.
4. Retirar de la freidora para evitar que se quemen, y cubrir como se desee. En este caso, se añade sal y pimentón, pero es totalmente a gusto.

¡Ideal para una noche de películas!

192 Calorías | 15 g Grasas | 15 g Carbohidratos | 2 g Proteínas

10 Jalapeños rellenos

2 porciones (5 jalapeños p.p.) | 20 minutos de cocinado

Ingredientes

10 Jalapeños
5 Lonchas de tocino ahumado
50 g Queso crema
1 cdita Ajo en polvo
1 cdita Pimentón ahumado
30 g Queso parmesano

1. Cortar los jalapeños por la mitad y quitarles las semillas.
2. Mezclar el queso crema con la sal, el pimentón, el ajo en polvo, y el queso parmesano. Rellenar los jalapeños con cuidado de no poner demasiado.
3. Precalentar la freidora a 185°C. Cortar cada loncha de tocino por la mitad. Tomar cada mitad y envolver cada jalapeño relleno con ella, asegurándolo con un palillo para que no se suelte.
4. Colocar los jalapeños envueltos en la freidora precalentada.
5. Cocinar durante 6-8 minutos (comprobar a la mitad del tiempo que el tocino se ponga crujiente).

¡Y a disfrutar calientes!

421 Calorías | 32 g Grasas | 7 g Carbohidratos | 21 g Proteínas

11 Rollitos de primavera

2 porciones (3 rollitos p.p.) | 15 minutos de cocinado

Ingredientes

6 Envoltorios de rollitos de primavera
½ Col, *picada*
1 Zanahoria, *picada*
200 g Pan rallado
2 cdas Aceite de sésamo
2 cditas Jengibre fresco, *picado*
1 Diente de ajo, *picado*
1 cda Salsa de soja
¼ **cdita** Pimienta negra
2 Cebolletas, *picadas*
1 cdita AOVE

1. Precalentar una sartén durante unos minutos a fuego medio. Añadir el aceite de sésamo, el jengibre, el ajo, la col y la zanahoria rallada. Cocinar durante 2-3 minutos o hasta que la col se haya puesto blanda.
2. Añadir las cebolletas, la salsa de soja y la pimienta negra. Revolver y retirar del fuego.
3. Montar los rollitos de huevo con cuidado de no añadir demasiado relleno para no romperlos, y cerrarlos con un poco de agua para que no se rompan.
4. Untar la parte superior de los arrolladitos con aceite de oliva, y untar también la cesta de la freidora.
5. Colocarlos en la freidora, con el pliegue hacia abajo, sin dejar que se toquen entre sí.
6. Freír a 180ºC durante 7 minutos. Dar la vuelta y hornear durante 2 minutos más.Servir aún calientes con un poco de salsa de soja o salsa agridulce.

¡Sabrosos!

462 Calorías | 8 g Grasas | 4 g Carbohidratos | 16 g Proteínas

12 Nachos mexicanos

2 porciones | 10 minutos de cocinado

Ingredientes

200 g Chips de tortitas de maíz (nachos)
½ cdita Sazón para tacos
115 g Frijoles negros
60 g Mezcla de quesos mexicana

Toppings (opcional)

Crema agria
Guacamole
Pico de gallo
Cilantro fresco

1. Rociar ligeramente el fondo de la cesta de la freidora con spray de AOVE.
2. Colocar los chips de maíz en una sola capa en la cesta de la freidora.
3. Espolvorear ligeramente los chips con el condimento para tacos. Añadir frijoles negros (también se puede añadir carne) y cubrir con el queso.
4. Freír a 175°C durante 3-4 minutos, hasta que el queso se derrita y comience a dorarse en el borde. ¡Tener cuidado, porque los nachos se cocinan muy rápido!
5. Añadir los toppings al gusto y servir caliente.

¡A saborear!

505 Calorías | 10 g Grasas | 82 g Carbohidratos | 26 g Proteínas

13 Calamares a la romana

5 porciones | 30 minutos de cocinado

Ingredientes

450 g Anillas de calamar, *frescas o congeladas*
120 ml Buttermilk
210 g Harina multiusos
70 g Almidón de maíz
1 cdita Orégano
½ cdita Pimienta negra fresca molida
½ cdita Pimentón dulce o ahumado
½ cdita Pimienta de cayena
1 cdita Sal
Spray de AOVE

1. Colocar las anillas de calamar en un bol grande, añadir la buttermilk y remover para cubrir por completo. Refrigerar de 30 minutos a una hora.
2. Precalentar la freidora a 200°C. Mientras tanto, en un bol grande y poco profundo, incorporar la harina, la maicena, el orégano, la sal, la pimienta, el pimentón y la cayena.
3. Sacar el calamar de la buttermilk y sacudir el exceso. Rebozar los anillos en la mezcla de harina.
4. Colocarlos en la cesta de la freidora en una sola capa. Será necesario cocinarlos en varias tandas.
5. Rociar con spray de AOVE por encima. Freír durante 4 minutos, darles la vuelta y rociar con más aceite. Cocinar durante unos 3 o 4 minutos más, o hasta que estén dorados por encima y crujientes.
6. Servir con gajos de limón y salsa a elección para acompañar.

¡El favorito de muchos!

297 Calorías | 2 g Grasas | 49 g Carbohidratos | 19 g Proteínas

14 Huevos rellenos

3 porciones (2 huevos p.p.) | *30 minutos de cocinado*

Ingredientes

6 Huevos
3 cdas Mayonesa
1 cda Mostaza de Dijon
1 cdita Vinagre de manzana
1 cdita Pimienta negra
1 cdita Sal
Pimentón, *para decorar*

1. Colocar los huevos en una bandeja lo más seguros posible para evitar que rueden en la freidora.
2. Cocinar durante 15 minutos a 120°C.
3. Una vez transcurrido el tiempo, retirarlos con pinzas y colocar los huevos cocidos directamente en agua fría, para detener el proceso de cocción.
4. Dejarlos reposar durante unos 5 minutos. Una vez fríos, pelarlos.
5. Cortar los huevos por la mitad a lo largo. A continuación, retirar la yema y ponerla en un bol.
6. Con un tenedor, aplastar la yema y añadir la mayonesa, la mostaza, el vinagre, la sal y la pimienta. Mezclar bien.
7. Con una cuchara, verter la mezcla en la parte blanca de los huevos.
8. Espolvorear con pimentón para decorar, y servir.

¡Una buena idea para las fiestas!

283 Calorías | 20 g Grasas | 7 g Carbohidratos | 17 g Proteínas

15 Chips de aguacate
4 porciones | 15 minutos de cocinado

Ingredientes

2 Aguacates medianos y maduros
35 g Harina
1 Huevo
1 cda Agua
50 g Panko
½ cdita Pimentón ahumado
½ cdita Ajo en polvo
½ cdita Chile en polvo
½ cdita Sal
Spray de AOVE

1. Cortar los aguacates en rodajas gruesas por la mitad, y utilizar una cuchara para raspar la parte posterior de la piel para extraer la pulpa.
2. Colocar un bol poco profundo con harina, otro con huevo batido y 1 cda de agua, y otro con panko y los condimentos.
3. Rebozar el aguacate con cuidado en la harina y luego sumergirlo en el huevo hasta cubrirlo por completo. Dejar que el sobrante se escurra, y luego pasarlo en la mezcla de panko, presionando bien para cubrirlo.
4. Colocar el aguacate en la canasta de la freidora en una capa uniforme. Rociar ligeramente la parte superior con AOVE.
5. Poner la freidora de aire a 205°C durante 4 minutos. Cuando haya pasado el tiempo, retirar la cesta y dar la vuelta a las rodajas con cuidado. Volver a introducir la cesta en la freidora y programar a 205°C durante 2 minutos más.
6. Retirar y cubrir, si se desea, con cilantro picado y queso parmesano. También se pueden servir con salsa.

¡Saludables y deliciosos!

305 Calorías | 21 g Grasas | 25 g Carbohidratos | 6 g Proteínas

16 Chips de zucchini y parmesano

2 porciones | 15 minutos de cocinado

Ingredientes

1 Zucchini mediano
1 **cdita** Mezcla de especias italiana
55 g Queso parmesano
Spray de AOVE

1. Cortar el calabacín en rodajas finas (no demasiado finas para que no se quemen fácilmente) y colocarlas en una tabla de cortar. Secar con una toalla de papel para eliminar el exceso de líquido.
2. Colocarlos en la cesta de la freidora, rociada previamente con spray de AOVE, poniéndolos en una capa uniforme.
3. Freír las rodajas de zucchini a 205°C durante 4 minutos.
4. Espolvorear con el condimento italiano y cubrir con el queso parmesano.
5. Freír a 205°C durante 4-5 minutos más hasta que el queso esté dorado.

¡Servir caliente para disfrutar de esta delicia!

104 Calorías | 6 g Grasas | 4 g Carbohidratos | 10 g Proteínas

17 Patatas rellenas con cheddar y bacon

5 porciones | 15 minutos de cocinado

Ingredientes

5 Patatas pequeñas, *cocidas*
4 Lonchas de tocino, *cocinadas y picadas*
40 g Queso cheddar rallado
60 g Crema agria
½ cdita Pimienta negra
1 cdita Sal
1 cda de AOVE
2 cditas Cebollino picado

1. Dejar que las patatas se enfríen un poco, cortarlas por la mitad y sacar la mayor parte de su interior, dejando un borde de medio centímetro para que no se rompan. Con este excedente es posible hacer un puré u otra receta.
2. Precalentar la freidora a 205°C durante 5 minutos. Mientras tanto, untar el interior de las patatas con aceite de oliva (o grasa de tocino), luego añadir sal y pimienta.
3. Freír las patatas durante 3 minutos. Luego retirar, espolvorear con el queso cheddar y el tocino desmenuzado, y volver a ponerlas en la freidora. Cocinarlas durante 2 o 3 minutos más hasta que el queso se derrita.
4. Decorar con la crema agria y el cebollino. Añadir más sal y pimienta si fuera necesario.

¡Y servir!

282 Calorías | 14 g Grasas | 27 g Carbohidratos | 10 g Proteínas

18 Zanahorias glaseadas

4 porciones | 15 minutos de cocinado

Ingredientes

½ **kg** Zanahorias
1 **cdita** Sal
2 **cdas** AOVE
2 **cdas** Miel
½ **cdita** Canela

1. Cortar las zanahorias en trozos de 4 cm de largo y luego dividirlas por la mitad o en cuartos según el tamaño de las mismas.
2. Mezclar las zanahorias con aceite, miel, canela y sal. Ponerlas en la cesta de la freidora previamente aceitada en una capa uniforme. Rociar el resto del glaseado por encima.
3. Freír a 205°C durante 10-12 minutos o hasta que estén tiernas.

¡Super saludable!

144 Calorías | 7 g Grasas | 21 g Carbohidratos | 1 g Proteínas

19 Plátano frito con guacamole

2 porciones | 15 minutos de cocinado

Ingredientes

3 Plátanos verdes
2 cdas Aceite de coco u oliva
Ralladura de lima
1 cdita Chile en polvo
1 cdita Ajo en polvo
1 cdita Sal

1. Pelar los plátanos y cortarlos en rodajas finas con una mandolina o a mano, en diagonal, para crear más superficie. Mezclarlos con las especias y el aceite.
2. Precalentar la freidora a 190ºC y cocinar durante 15-20 minutos, sacudiendo cada 5 minutos y retirando los trozos que ya estén dorados y crujientes.
3. Mientras tanto, preparar el guacamole.
4. Picar finamente la cebolla y las hojas de cilantro. Machacar dos aguacates con un tenedor en un bol, y luego combinar con todo lo demás. Probar y ajustar la sazón (sal, jugo de limón, pimienta) según sea necesario.

¡Riquísimo y con toques tropicales!

184 Calorías | 2 g Grasas | 42 g Carbohidratos | 2 g Proteínas

20 Aguacate con tocino

2 porciones | 15 minutos de cocinado

Ingredientes

1 Aguacate
4 lonchas Tocino
2 cdas Salsa picante

1. Cortar el aguacate en 8 trozos sacando primero la semilla, separándolo primero en dos mitades. Cortar cada una en 4 bastones.
2. Untar un poco de la salsa picante en cada porción de aguacate.
3. Cortar las lonchas de tocino por la mitad. Tomar cada mitad y envolver alrededor del aguacate. Colocar en la cesta de la freidora.
4. Untar con más salsa picante cada bastón de aguacate envuelto en tocino.
5. Cocinar a 205°C durante 7-10 minutos dependiendo de lo crujiente que se desee el tocino.

¡Disfrutar!

412 Calorías | 35 g Grasas | 9 g Carbohidratos | 16 g Proteínas

Recetas vegetarianas

21 Mini-pizzas napolitanas

4 porciones | 20 minutos de cocinado

Ingredientes

450 g Masa para pizza
35 g Harina
115 g Salsa de tomate
170 g Mozzarella, *rallada*
Algunas hojas de albahaca seca
Orégano seco

1. Dividir la masa de pizza en cuatro bollos y extenderlos todos sobre una superficie enharinada hasta alcanzar un grosor de medio centímetro.
2. Precalentar la freidora a 205°C durante al menos 5 minutos. Colocar con cuidado la masa de pizza en la cesta, estirándola según sea necesario para que entre bien en el espacio. Entrarán de a dos por vez.
3. Rociar con aceite de oliva y cepillar la superficie con un pincel de silicona. Cocinar la base de la pizza durante 5 minutos, o hasta que la corteza esté dorada.
4. Cuando la masa esté dorada, añadir con cuidado la salsa de tomate, el queso, y el resto de los toppings al gusto (pisto de verduras, pimientos de todos los colores o berenjena, por ejemplo).
5. Volver a colocar la cesta en la freidora y cocinar durante 5-7 minutos más. Prestar atención para asegurarse de que el queso se dore y no se cocine demasiado.

Otras ideas de toppings pueden ser champiñones, tocino, queso feta, brócoli, jamón, o cebolla.

643 Calorías | 40 g Grasas | 56 g Carbohidratos | 13 g Proteínas

22 Coles de Bruselas al limón

4 porciones | 20 minutos de cocinado

Ingredientes

½ **Kg** Coles de Bruselas
1 cda AOVE
1 cda Mostaza de Dijon
1 cda Zumo de limón
1 cda Vinagre de manzana
1 cda Miel
1 cdita Sal
½ **cdita** Pimienta negra

1. Recortar las hojas de las coles de Bruselas que sobran, y luego cortarlas por la mitad a lo largo. A continuación, añadirlas a un bol mediano para mezclar.
2. Rociar con aceite de oliva, un poco de sal y pimienta. Remover bien para que se cubran por completo.
3. Precalentar la freidora a 195°C. Una vez que esté lista, rociar la cesta con aceite de oliva y distribuirlas en una sola capa.
4. Cerrar la cesta y cocinar durante 8-10 minutos, dándoles la vuelta a mitad de la cocción. Para que queden más crujientes, cerrar la cesta y cocinarlas durante 3-4 minutos más.
5. Mientras se cocinan las coles de Bruselas, preparar el aliño. Añadir la mostaza, el vinagre, el limón, la miel, la sal y la pimienta a un bol pequeño y batir bien para combinarlos.
6. Una vez que las coles hayan terminado de cocinarse, pasar a un bol y verter el aderezo, revolviendo para cubrirlas bien.
7. Servir aún calientes con un poco de sal marina por encima.

¡Muy saludables!

105 Calorías | 4 g Grasas | 16 g Carbohidratos | 4 g Proteínas

23 Alitas de coliflor

2 porciones | 15 minutos de cocinado

Ingredientes

1 cabeza Coliflor, *separada en sus ramilletes*
120 ml Leche
120 ml Agua
95 g Harina multiusos
2 cditas Ajo en polvo
1 cdita Cebolla en polvo
1 cdita Pimentón ahumado
1 cdita Sal
½ cdita Pimienta negra
250 ml Salsa picante
2 cditas Mantequilla
60 ml Melaza
Spray de AOVE

1. En un bol, combinar todos los ingredientes secos y añadir el agua y la leche hasta que la masa no tenga grumos.
2. Añadir los ramilletes de coliflor frescos a la masa y mezclarlos muy bien para cubrirlos uniformemente. Sacarlos de a uno y pasarlos a un plato aparte para que el exceso de masa pueda escurrirse.
3. Cubrir la cesta de la freidora con spray de AOVE y añadir los ramilletes rebozados en una sola capa. Es importante que no se toquen para que todos los lados reciban calor directo.
4. Cocinar a 175°C durante 15 minutos.
5. Mientras, en una olla pequeña, poner la salsa picante, la mantequilla y la melaza a fuego lento, mezclando bien para combinar. Luego retirar del fuego.
6. Una vez que la coliflor haya terminado de cocinarse, cubrir con la salsa y removerla para repartir bien.

¡Servir de inmediato!

420 Calorías | 6 g Grasas | 82 g Carbohidratos | 11 g Proteínas

24 Falafel con salsa de yogur
6 porciones | 1 hora de cocinado

Ingredientes

450 g Garbanzos, *escurridos*
65 g Harina multiusos
1 Cebolla grande, *picada*
6 Dientes de ajo
1 cda de zumo de limón
2 cdas de perejil fresco, *picado*
1 cda de cilantro fresco, *picado*
1 cda de eneldo fresco, *picado*
1 cdita de polvo para hornear
2 cditas de comino
1 cdita de sal

1. Añadir los garbanzos, la cebolla, el ajo, el zumo de limón, el perejil, el cilantro, el eneldo, la harina, el polvo para hornear, el comino y la sal a un procesador de alimentos hasta que se forme una textura de migas gruesas.
2. Tapar la mezcla y refrigerar durante 1 hora.
3. Una vez que la mezcla de falafel se haya enfriado, formar pequeñas bolas con una cuchara hasta utilizar toda la masa.
4. Rociar la cesta de la freidora con spray de AOVE. Precalentar la freidora a 190°C.
5. Colocar los falafeles crudos en la cesta, y cocinar durante 15 minutos, dándoles la vuelta 1 o 2 veces durante la cocción.
6. Retirar y dejar enfriar unos minutos. Pueden comerse solos o dentro de un pan pita con un poco de hummus.

Para la salsa de yogur: Unir 80 ml de yogur natural, 2 cdas de tahini y el zumo de medio limón. Añadir sal y pimienta e incorporar bien.

333 Calorías | 4 g Grasas | 58 g Carbohidratos | 16 g Proteínas

24 Coles de Bruselas al limón

4 porciones | 20 minutos de cocinado

Ingredientes

½ **Kg** Coles de Bruselas
1 **cda** AOVE
1 **cda** Mostaza de Dijon
1 **cda** Zumo de limón
1 **cda** Vinagre de manzana
1 **cda** Miel
1 **cdita** Sal
½ **cdita** Pimienta negra

1. Recortar las hojas de las coles de Bruselas que sobran, y luego cortarlas por la mitad a lo largo. A continuación, añadirlas a un bol mediano para mezclar.
2. Rociar con aceite de oliva, un poco de sal y pimienta. Remover bien para que se cubran por completo.
3. Precalentar la freidora a 195°C. Una vez que esté lista, rociar la cesta con aceite de oliva y distribuirlas en una sola capa.
4. Cerrar la cesta y cocinar durante 8-10 minutos, dándoles la vuelta a mitad de la cocción. Para que queden más crujientes, cerrar la cesta y cocinarlas durante 3-4 minutos más.
5. Mientras se cocinan las coles de Bruselas, preparar el aliño. Añadir la mostaza, el vinagre, el limón, la miel, la sal y la pimienta a un bol pequeño y batir bien para combinarlos.
6. Una vez que las coles hayan terminado de cocinarse, pasar a un bol y verter el aderezo, revolviendo para cubrirlas bien.
7. Servir aún calientes con un poco de sal marina por encima.

¡Muy saludables!

105 Calorías | 4 g Grasas | 16 g Carbohidratos | 4 g Proteínas

25 Samosas

5 porciones (4 samosas p.p.) | 30 minutos de cocinado

Ingredientes

20 Envoltorios para samosas
2 Patatas medianas, *en cubos*
75 g Guisantes
50 g Granos de maíz
2 cditas Semillas de comino
1 cdita Cúrcuma picada
1 cdita Garam masala
1 cdita Semillas de cilantro
½ cdita Chile en polvo
1 cdita Sal

1. Descongelar la masa de samosas por lo menos 30 minutos antes de comenzar a preparar el resto de los ingredientes.
2. Calentar el aceite en una sartén, añadir las semillas de comino y dejarlas crujir. Añadir los guisantes, la cúrcuma en polvo, la sal, el chile en polvo y el Garam Masala. Mezclar bien. Añadir a la mezcla las patatas cortadas en cubos o machacadas y mezclar de nuevo. Espolvorear el cilantro, retirar del fuego y reservar la mezcla.
3. Colocar una pequeña porción de la mezcla de la samosa en la esquina izquierda de una hoja de masa. Sellar la samosa doblándola desde el otro borde, y dar la vuelta con cuidado hasta conseguir una especie de cono. Humedecer los bordes y presionar suavemente.
4. Cubrir las samosas preparadas con un paño de muselina húmedo para evitar que se sequen.
5. Precalentar la freidora durante 5 minutos a 180ºC. Untar las samosas con un poco de aceite y colocarlas en tandas de cinco, durante 18 a 22 minutos. Dar vuelta a la mitad del tiempo.

Servir calientes con chutney de cilantro, de mango, o de dátiles.

412 Calorías | 1 g Grasas | 89 g Carbohidratos | 8 g Proteínas

26 Sándwich de cuatro quesos
1 porción | 10 minutos de cocinado

Ingredientes

2 rebanadas Pan a su preferencia
45 g Queso *(combinar manchego, cheddar, mozzarella y queso azul)*
1 cda Mantequilla

1. Untar el pan con mantequilla, utilizando un cuchillo para mantequilla suave o una brocha de pastelería si está derretida.
2. Colocar una de las rebanadas de pan, con el lado enmantecado hacia abajo, en la cesta de la freidora. Acomodar por encima las rebanadas de queso, sin sobrepasar el borde.
3. Colocar la otra rebanada de pan encima, con el lado enmantecado hacia arriba. Si el pan es muy fino, puede desacomodarse con el movimiento rápido del aire, por lo que es mejor utilizar un palillo para mantener el sándwich unido.
4. Freír a 190°C durante 4 minutos, luego dar la vuelta al sándwich con cuidado y cocinar durante otros 4 minutos.

¡Rápido y delicioso!

440 Calorías | 31 g Grasas | 35 g Carbohidratos | 19 g Proteínas

27 Ribs de maíz
2 porciones | 30 minutos de cocinado

Ingredientes

2 Mazorcas de maíz
1 cda AOVE
½ **cdita** Pimentón ahumado
½ **cdita** Ajo en polvo
½ **cdita** Pimienta negra molida
½ **cdita** Cebolla en polvo
3 cdas Salsa barbacoa

1. Recortar los extremos del maíz y cortar la mazorca entera por la mitad a lo ancho. A continuación, cortar cada mitad en cuartos, con mucho cuidado con el cuchillo.
2. Precalentar la freidora de aire a 190°C durante 3 minutos.
3. Colocar el aceite en un bol pequeño y añadir los condimentos. Revolver bien para combinar.
4. Con un pincel de silicona, cepillar la mezcla de aceite y condimentos en el lado del grano de las "costillas" de maíz.
5. Añadir el maíz sazonado a la cesta de la freidora, y cocinar durante 11-14 minutos, o hasta que estén crujientes. Retirar la canasta a la mitad del tiempo y sacudir para asegurar una cocción uniforme.
6. Cuando el maíz esté crujiente, retirar de la cesta caliente con unas pinzas. Untar la salsa BBQ y colocarlo nuevamente en la freidora. Cocinar durante 1 o 2 minutos más o hasta que la salsa se haya "dorado".
7. Servir inmediatamente, con más salsa barbacoa si lo desea.

¡Disfrutar de esta idea original!

234 Calorías | 9 g Grasas | 39 g Carbohidratos | 5 g Proteínas

28 Tofu crocante

2 porciones | 25 minutos de cocinado

Ingredientes

350 g Tofu extra firme
1 cda Aceite vegetal
2 cditas Almidón de maíz
1 cdita Pimentón picante
1 cdita Cebolla en polvo
1 cdita Ajo en polvo
½ cdita Pimienta negra
½ cdita Sal

1. Presionar el bloque de tofu entre dos platos con un objeto pesado por encima durante 30 minutos o más.
2. Calentar la freidora a 200°C.
3. Cortar el tofu en cubos de medio centímetro, mezclar con el aceite y el almidón de maíz. Agregar todas las especias hasta que esté bien cubierto y colocar en la cesta de la freidora.
4. Cocinar durante 13 minutos, agitando cada 5 minutos, o hasta que esté cocido a gusto.
5. El tofu está listo cuando está firme por fuera. Todavía debe estar blando por dentro, ya que se endurece al enfriarse.

¡Una buena opción vegetariana!

325 Calorías | 17 g Grasas | 8 g Carbohidratos | 21 g Proteínas

29 Buñuelos de zucchini

2 porciones (4 buñuelos p.p) | 20 minutos de cocinado

Ingredientes

2 Calabacines
100 g Queso cheddar rallado
1 Huevo
65 g Harina
2 cdas Cebollín picado
1 cdita Sal
1 cdita Pimienta

1. Rallar los calabacines y exprimir el exceso de agua con un paño o tul.
2. Incorporar el calabacín, el huevo, la harina, el cebollino, la sal y la pimienta en un bol. Mezclar todo bien.
3. Formar 8 buñuelos con la mezcla y llevar al congelador durante 5-10 minutos para que mantengan la forma.
4. Precalentar la freidora a 175°C.
5. Cocinar los buñuelos durante 5 minutos. Dar la vuelta y cocinar durante 5-10 minutos más, o hasta que estén dorados.

¡Deliciosos y muy sanos!

386 Calorías | 19 g Grasas | 33 g Carbohidratos | 21 g Proteínas

30 Berenjena napolitana

2 porciones | 20 minutos de cocinado

Ingredientes

1 Berenjena mediana
120 g Pan rallado
55 g Parmesano rallado
120 g Mozzarella rallada
225 ml Salsa de tomate
1 Huevo
1 cda Ajo en polvo
1 cda Perejil deshidratado
½ cdita Sal
½ cdita Pimienta negra

1. Cortar los extremos de la berenjena con un cuchillo afilado. A continuación, cortar la berenjena en rodajas de medio centímetro de grosor y colocarlas en una bandeja de horno pequeña. Consejo profesional: también puede colocar la berenjena cortada en rodajas sobre una toalla de papel para dejarla secar un poco después de cortarla si parece estar húmeda.
2. Combinar el pan rallado con el parmesano, el ajo en polvo, el perejil seco, la sal y la pimienta en un bol mediano y mezclar hasta integrar.
3. Precalentar la freidora de aire a 200°C durante 5 minutos.
4. Batir el huevo en un bol mediano con sal y pimienta. A continuación, comenzar a pasar cada pieza de berenjena por el huevo y luego por la mezcla de pan rallado, presionando el pan rallado en la berenjena mientras la pasa. Volver a colocar las berenjenas en la bandeja.

5. Una vez que la freidora esté precalentada, rociar la cesta con aceite de oliva en aerosol y colocar los trozos de berenjena. Cocinar durante 8 minutos, volteando cada pieza y rociando el otro lado con aceite en aerosol a mitad del tiempo de cocción.
6. Una vez que estén crujientes, cubrir cada bocado con un poco de la salsa de tomate y luego con queso mozzarella rallado. Cocinar durante 2 o 3 minutos más para que se derrita el queso.
7. Retirar, cubrir con albahaca fresca picada o un poco de orégano, y servir.

506 Calorías | 15 g Grasas | 68 g Carbohidratos | 29 g Proteínas

31 Tortilla de patatas

2 porciones | 50 minutos de cocinado

Ingredientes

½ **kg** Patatas
6 Huevos
2 cdas AOVE
1 cda Sal

1. Cortar las patatas en rodajas medianas, manteniendo la piel. Poner las patatas en un bol y mezclarlas con aceite de oliva virgen extra y sal.
2. Colocarlas en la cesta de la freidora y cocinar durante 17 minutos a 180°C.
3. En un bol añadir los huevos, un poco de sal, y mezclar con un tenedor.
4. Transcurrido el tiempo de cocción, pasar las patatas a una bandeja de silicona para hornear y verter la mezcla de huevos. Asegurarse de que todas las patatas estén bien cubiertas.
5. Colocar el molde de silicona en la cesta de la freidora y cocinar durante 17 minutos a 160°C, seguido de 5 minutos a 180°C para asegurarse de que está cocido en el centro y los huevos han cuajado.
6. Dar la vuelta a la tortilla, rociarla con AOVE y cocinarla durante otros 5 minutos a 180°C.
7. Cortar la tortilla en 8 porciones y servir.

¡Un clásico!

481 Calorías | 27 g Grasas | 40 g Carbohidratos | 20 g Proteínas

32 Hamburguesas de frijoles negros
4 porciones | 30 minutos de cocinado

Ingredientes

425 g Frijoles negros
½ Cebolla, *picada finamente*
½ Pimiento rojo, *picado finamente*
2 Dientes de ajo, *picados*
1 Huevo
½ **cdita** Pimentón dulce
1 cdita Sal
½ **cdita** Pimienta negra
4 Panes de hamburguesa

Toppings a elección (lechuga, tomate, cebolla, mayonesa, etc.)

1. Precalentar el horno a 175°C. Cubrir una pequeña bandeja con papel para horno y extender los frijoles en una sola capa. Hornear de 10 a 12 minutos hasta que estén ligeramente secos. Dejar enfriar.
2. Calentar el AOVE en una sartén pequeña a fuego medio-alto. Añadir la cebolla y el pimiento y saltear 3-4 minutos hasta que estén tiernos. Añadir el ajo y saltear 1 minuto más.
3. Colocar las verduras en un colador de malla fina y presionar suavemente para escurrir el líquido.
4. Poner las alubias en un bol grande y aplastar suavemente hasta formar una pasta. Añadir las verduras, el pimentón, el pan rallado, el huevo, la sal, y la pimienta. Integrar bien.
5. Con la mezcla, formar 4 hamburguesas. Refrigerar como mínimo 30 minutos antes de cocinar.
6. Rociar la rejilla de la freidora con aceite y precalentar a 190°C. Colocar las hamburguesas en una sola capa y freír durante 6 minutos, volteándolas a mitad de la cocción.
7. Servir calientes en panecillos con los aderezos deseados.

512 Calorías | 5 g Grasas | 90 g Carbohidratos | 28 g Proteínas

33 Bocaditos de brócoli y queso

4 porciones | 1 hora 10 minutos de cocinado

Ingredientes

300 g Ramilletes de brócoli
60 ml Agua
1 Huevo
180 g Queso cheddar, *rallado*
90 g Pan rallado *(o panko)*
½ cdita Sal
½ cdita Pimienta

1. Colocar el brócoli y el agua en un recipiente apto para microondas con una tapa (o envuelto en plástico). Calentar en el microondas durante 4 minutos.
2. Retirar del microondas y dejar que se enfríe lo suficiente como para poder manipularlo. Picar muy finamente y colocar en un bol. Añadir el huevo, el queso, el pan rallado, la sal y la pimienta y mezclar bien.
3. Formar pequeñas bolitas y colocar en una bandeja para hornear. Llevar al congelador durante 30 minutos.
4. Colocar los bocados de brócoli en la freidora una sola capa y cocinar a 175°C durante 5-10 minutos. Ya que hay que hacerlo en tandas, es recomendable cubrir ligeramente con papel de aluminio para mantener el calor mientras los otros se hornean.

¡Nutritivos y crujientes!

312 Calorías | 17 g Grasas | 22 g Carbohidratos | 17 g Proteínas

34 Pimientos rellenos gratinados
3 porciones (2 pimientos p.p) | 25 minutos de cocinado

Ingredientes

6 Pimientos
1 Cebolla pequeña, *picada*
2 Dientes de ajo, *picados*
200 g Arroz blanco o integral
2 ½ cditas Mezcla de especias italiana
1 cdita sal
400 g Tomates triturados
250 ml Agua
85 g Mozzarella rallada *(o parmesano)*

1. Precalentar la freidora de aire a 200°C durante 3-5 minutos. Mientras tanto, cortar la parte superior de los pimientos y sacar las semillas. Cortar la parte superior en dados y reservarlos para utilizarlos en la mezcla. Cuando la freidora esté precalentada, colocar los pimientos en la cesta y cocinarlos durante 6 minutos.

2. Para preparar el relleno, calentar el AOVE en una sartén grande y profunda a fuego medio-alto. Una vez que el aceite de oliva esté caliente, añadir la cebolla y los pimientos picados y cocinarlos durante 2-3 minutos hasta que estén blandos. Añadir el ajo y cocinar durante otros 1-2 minutos.

3. Añadir el condimento italiano, la sal, los tomates, y remover para combinar. Añadir el arroz crudo y el agua e incorporar. Poner el fuego a medio-bajo, cubrir la olla con la tapa y cocinar a fuego lento durante 10-15 minutos, hasta que el arroz esté tierno.

4. Colocar la mezcla en cada uno de los pimientos parcialmente cocidos y volver a colocarlos en la freidora. Cocinar durante 4 minutos y luego cubrir con queso rallado. Cocinar durante otros 4 minutos hasta que se derrita y se dore. Sin queso, estarán listos en 8 minutos.

434 Calorías | 15 g Grasas | 60 g Carbohidratos | 13 g Proteínas

35 Brochetas de vegetales

2 porciones (3 brochetas p.p) | 13 minutos de cocinado

Ingredientes

75 g Champiñones
1 Zucchini pequeño, *en cubos*
½ Pimiento rojo, *cortado en pedazos*
1 Cebolla pequeña, *en cubos grandes*
½ **cdita** Comino
½ **cdita** Sal

1. Remojar los palos de brocheta en agua durante al menos 10 minutos antes de usarlas. Mientras, precalentar la freidora a 200°C.
2. Colocar las verduras en las brochetas y poner en la freidora evitando que se toquen entre sí.
3. Cocinar durante 10 minutos, dándoles la vuelta a mitad del tiempo de cocción. Dado que la temperatura de la freidora puede variar, empezar con menos tiempo y añadir más según sea necesario.
4. Colocar las brochetas en un plato y servir. Espolvorear con sal y comino, y si se desea, aceto balsámico.

¡Súper saludables!

56 Calorías | 0.6 g Grasas | 11 g Carbohidratos | 4 g Proteínas

36 Canoas de calabacín

2 porciones (4 canoas p.p) | 15 minutos de cocinado

Ingredientes

2 Calabacines grandes
55 g Salsa de tomate
60 g Queso mozzarella, *rallado*
1 cdita Sal
1 cdita Pimentón ahumado
½ cdita Orégano

1. Cortar los calabacines por la mitad, si son largos, y luego a lo largo. Sacar la parte del centro con una cuchara.
2. Rociar los calabacines con spray de AOVE.
3. Añadir la salsa de tomate, los condimentos, y el queso.
4. Colocarlos en la cesta de la freidora. Cubrir con una capa de aceite de oliva y freír a 175°C durante 8 minutos.
5. Si el queso aún no está dorado, cocinar por 2 minutos más.

¡Servir de inmediato!

185 Calorías | 11 g Grasas | 13 g Carbohidratos | 6 g Proteínas

37 Alcachofas asadas

2 porciones | 20 minutos de cocinado

Ingredientes

2 Alcachofas medianas
Zumo de ½ limón
1 cda AOVE
1 cdita Sal
½ cdita Pimienta negra

1. Precalentar la freidora de aire a 170° C durante 4-5 minutos.
2. Enjuagar bien las alcachofas. Quitar las hojas exteriores (unas 7-10), cortar las puntas y el tallo. Cortarlas por la mitad, a lo largo.
3. Verter una cantidad generosa de zumo de limón fresco por encima (aproximadamente ¼ de limón por pieza).
4. Rociar con AOVE y sazonar con sal y pimienta. Colocarlas en la freidora con el lado cortado hacia abajo y repetir la operación (rociar con aceite de oliva y sazonar con sal y pimienta).
5. Cocinar durante 12-15 minutos (o hasta que estén listos).

¡Acompañar con alioli!

217 Calorías | 7 g Grasas | 34 g Carbohidratos | 10 g Proteínas

38 Patatas asadas al pimentón
4 porciones | 25 minutos de cocinado

Ingredientes

1 ½ kg Patatas, *cortadas en cubos*
2 cdas AOVE
½ cdita Pimentón ahumado
½ cdita Ajo en polvo
½ cdita Pimienta negra
1 cdita Sal

1. En un recipiente grande, mezclar las patatas con el aceite de oliva, el pimentón ahumado, el ajo en polvo, y sazonar con sal y pimienta. Asegurarse de que las patatas estén bien cubiertas.
2. Colocarlas en la cesta de la freidora y asarlas a 195°C durante 10 minutos. Darles la vuelta y asarlas durante 10 minutos más.

¡También pueden ir con salsa brava!

321 Calorías | 7 g Grasas | 59 g Carbohidratos | 6 g Proteínas

39 Berenjenas con curry

2 porciones | 20 minutos de cocinado

Ingredientes

1 Berenjena grande
1 Diente de ajo, *picado*
½ **cda** Cúrcuma
½ **cda** Curry en polvo
1 **cda** AOVE
1 **cdita** Sal

1. Precalentar la freidora a 150°C durante 5 minutos.
2. Cortar la berenjena en rodajas de ½ centímetro. La piel se puede dejar, o retirar.
3. Verter el AOVE sobre las berenjenas cortadas en un bol. Añadir el ajo y la sal.
4. Espolvorear con curry y cúrcuma, incorporar todo muy bien.
5. Colocar la berenjena en la freidora y cocinar durante 10 minutos, o hasta que la parte superior esté dorada y crujiente.

¡Querrás comerlas todas!

131 Calorías | 7 g Grasas | 16 g Carbohidratos | 2 g Proteínas

40 Tofu agridulce

2 porciones | 40 minutos de cocinado

Ingredientes

400 g Tofu extra firme
40 g Almidón de maíz
½ cda Pimentón dulce
1 cdita Sal
½ cdita Cebolla en polvo
3 cdas Salsa de soja
½ cda Aceite de sésamo
2 cdas AOVE
1 cda Azúcar moreno
2 Dientes de ajo, *picados*

1. Precalentar la freidora a 190°C. Cortar el bloque de tofu en 8 rodajas, colocarlas entre dos platos y ubicar por encima un objeto pesado para eliminar el líquido. Dejar reposar por lo menos durante 30 minutos.
2. Cortar el tofu en pequeños cubos y colocar en una bolsa grande con cierre hermético. Agregar el almidón de maíz, el pimentón, la sal y la cebolla en polvo y agitar bien.
3. Cocinar en la freidora durante 10-12 minutos.
4. Mezclar la salsa de soja, el aceite de sésamo, el AOVE, el azúcar y el ajo.
5. Mezclar el tofu con la salsa. Servir inmediatamente.

¡Una delicia con toques orientales!

401 Calorías | 26 g Grasas | 30 g Carbohidratos | 18 g Proteínas

41 Lasaña de berenjena y calabacín

4 porciones | 1 hora 15 minutos de cocinado

Ingredientes

300 g Hojas de lasaña
120 g Queso mozzarella, *rallado*
3 Berenjenas medianas
2 Calabacines medianos
1 Cebolla, *finamente picada*
3 Dientes de ajo, *aplastados*
3 cdas AOVE
100 g Champiñones, *en cuartos*
1 cda Albahaca deshidratada
700 g Salsa de tomate
1 cdita Sal
1 cdita Pimienta negra
1 cdita Pimienta blanca
62 g Harina
500 ml Leche

1. Salar las berenjenas y los calabacines cortados en rodajas durante 10 minutos para eliminar el exceso de líquido. Secar con toallas de papel.
2. Colocar en una sartén con un poco de AOVE y dorar brevemente. Reservar.
3. Para la salsa, poner el aceite de oliva, los champiñones, la sal y la pimienta en una cacerola a fuego alto hasta que se doren. Añadir la cebolla, el ajo, y la albahaca seca y poner a fuego medio. Saltear durante 10 minutos. A continuación, añadir la salsa y el agua adicional a fuego lento y cocinar durante 20 minutos.

4. Para la bechamel, añadir la leche, la harina, la sal y la pimienta en una olla pequeña y batir a fuego medio durante unos 8 minutos hasta que espese (que cubra el dorso de una cuchara). Una vez que la harina esté cocida, reservar.
5. Colocar una fina capa de salsa en el fondo de la cesta de la freidora. A continuación, una capa de salsa blanca, seguida de una cobertura uniforme de láminas de lasaña.
6. Colocar una capa de calabacín y berenjena. Repetir el proceso con todos los ingredientes.
7. Terminar con una capa de salsa de tomate, salsa blanca y queso. Freír a 180°C durante aproximadamente 30 minutos o hasta que se dore por encima.

592 Calorías | 12 g Grasas | 97 g Carbohidratos | 29 g Proteínas

42 Tomates asados

2 porciones | 15 minutos de cocinado

Ingredientes

250 g Tomates cherry
2 cdas AOVE
½ cdita Sal
½ cdita Orégano

1. Lavar y secar los tomates. A continuación, cortarlos por la mitad a lo largo y colocarlos a un bol mediano.
2. Añadir el aceite, la sal y el orégano y remover para combinarlos.
3. Colocar los tomates en la cesta de la freidora en una sola capa, con la piel hacia abajo.
4. Cocinar a 200°C durante 10 minutos, verificando alrededor de los 8 minutos para ver si están listos.

¡A disfrutar!

144 Calorías | 14 g Grasas | 5 g Carbohidratos | 1 g Proteínas

43 Setas al ajillo

2 porciones | 20 minutos de cocinado

Ingredientes

230 g Champiñones
2 cdas AOVE
½ cdita Ajo en polvo
½ cdita Sal
½ cdita Pimienta negra
1 cda Perejil fresco, *picado*

1. Si se utilizan champiñones pequeños o medianos, cortarlos por la mitad. Si se trata de champiñones grandes, cortarlos en cuartos. Colocarlos en un bol y luego mezclar con el aceite, el ajo en polvo, la sal y la pimienta.
2. Cocinar a 195°C durante 10-12 minutos, agitando y removiendo a mitad de tiempo. Si son muchos champiñones, sacudir varias veces para asegurarse de una cocción pareja.
3. Servir con zumo fresco de limón y el perejil picado.

¡A saborear!

155 Calorías | 16 g Grasas | 6 g Carbohidratos | 4 g Proteínas

44 Huevos revoltosos

2 porciones | 12 minutos de cocinado

Ingredientes

½ **cda** Mantequilla
2 Huevos
2 **cdas** Leche
30 **g** Queso cheddar, *rallado*
1 **cdita** Sal
1 **cdita** Pimienta negra

1. Poner la mantequilla en una sartén apta para la freidora de aire y colocarla dentro.
2. Cocinar a 150ºC hasta que la mantequilla se derrita, unos 2 minutos.
3. Batir los huevos y la leche, luego añadir sal y pimienta al gusto.
4. Colocar los huevos en la sartén y cocinar durante 3 minutos, luego empujar los huevos hacia el interior de la sartén para removerlos.
5. Cocinar durante 2 minutos más y luego agregar el queso cheddar, revolviendo los huevos nuevamente.
6. Cocinar 2 minutos más. Luego, retirar la sartén de la freidora y servir inmediatamente.

¡Disfruta de esta delicia!

163 Calorías | 12 g Grasas | 1 g Carbohidratos | 9 g Proteínas

45 Tacos veganos de coliflor
4 porciones (2 tacos p.p) | 30 minutos de cocinado

Ingredientes

1 Coliflor, *separada en floretes*
500 g Garbanzos, *escurridos*
2 cdas AOVE
2 cdas Sazón para tacos
8 Tortitas de maíz para tacos
2 Aguacates, *cortados en gajos*
½ Col, picada
4 cdas Yogur de leche de coco

1. Precalentar la freidora a 200°C.
2. En un bol grande, mezclar la coliflor y los garbanzos con el aceite de oliva y el condimento para tacos.
3. Poner todo en la cesta de la freidora. Cocinar, agitando de vez en cuando, durante 20 minutos, o hasta que esté bien cocido. La coliflor estará dorada pero no quemada.
4. Servir en tacos con rodajas de aguacate, col y yogur de coco por encima.

¡Una muy buena opción vegana!

508 Calorías | 15 g Grasas | 77 g Carbohidratos | 20 g Proteínas

46 Croquetas de funghi

3 porciones (4 croquetas p.p) | 40 minutos de cocinado

Ingredientes

300 g Champiñones
1 Diente de ajo
½ Cebolla
350 g Arroz
1 Huevo
200 g Pan rallado
1 cdita Sal
½ **cdita** Pimienta blanca
½ **cdita** Pimentón ahumado
Spray de AOVE

1. Precalentar la freidora a 80°C durante 10 minutos.
2. Picar el ajo y la cebolla finamente y reservar a un lado. Cortar los champiñones en láminas finas también y dorarlos en la sartén con un poco de AOVE. No lavar la sartén después de este paso.
3. Freír aquí también el ajo y la cebolla. Una vez cocidos, incorporar el arroz crudo para que se tueste y luego cubrirlo con agua hasta que se cocine.
4. Retirar de la sartén y dejar que la mezcla se enfríe un poco.
5. Formar pequeñas bolitas con una cuchara o con las manos húmedas y llevar al congelador en una bandeja durante por lo menos 30 minutos.
6. Batir el huevo en un bol con la sal, la pimienta, y el pimentón, y pasar cada una de las bolitas por la mezcla.
7. Finalmente, rebozar con el pan rallado y luego freír a 190°C durante aproximadamente 12 minutos o hasta que estén doradas.

¡Deliciosas!

477 Calorías | 5 g Grasas | 88 g Carbohidratos | 17 g Proteínas

47 Quesadillas de espinacas

2 porciones (3 quesadillas p.p) | 15 minutos de cocinado

Ingredientes

2 Tortitas de trigo
100 g Espinacas congeladas
50 g Pimiento rojo asado, *en finas tiras*
60 g Queso mozzarella, *rallado*
Salsa marinara *(para acompañar)*

1. Rociar ligeramente el fondo de la freidora con spray de AOVE y añadir una tortilla.
2. Cubrir con los pimientos asados, las espinacas y el queso mozzarella rallado repartiéndolos uniformemente sobre la tortilla.
3. Colocar la segunda tortilla encima y rociar también la tortilla superior con un poco de spray de AOVE.
4. Poner la freidora a 165°C y cocinar durante 6 minutos.
5. Retirar de la freidora, cortar en 6 trozos y servir con un poco de salsa marinara para acompañar.

¡A disfrutar!

277 Calorías | 11 g Grasas | 30 g Carbohidratos | 14g Proteínas

48 Bastones de boniato

4 porciones | 25 minutos de cocinado

Ingredientes

2 Boniatos medianos
1 **cda** Aceite de coco
1 **cdita** Ajo en polvo
1 **cdita** Pimentón ahumado
½ **cdita** Sal
½ **cdita** Pimienta negra

1. Pelar los boniatos y colocarlos en una tabla de cortar. Cortar en trozos uniformes de ½ centímetro.
2. Combinar el aceite, el ajo en polvo, el pimentón ahumado, la sal y la pimienta, y luego mezclar con los bastones en un tazón grande hasta que estén bien cubiertos.
3. Colocar los boniatos en la freidora en una sola capa, luego cocinar a 200°C durante 13-15 minutos hasta que estén dorados y tiernos, dándoles la vuelta a mitad de tiempo.

¡Una excelente opción de snack!

218 Calorías | 7 g Grasas | 37 g Carbohidratos | 2 g Proteínas

49 Macarrones con queso y finas hierbas

2 porciones | 25 minutos de cocinado

Ingredientes

225 g Macarrones
235 ml Agua
120 ml Nata
230 g Queso cheddar, rallado
1 cdita Mezcla de especias italiana
1 cdita Mostaza en polvo
½ cdita Sal
½ cdita Ajo en polvo
½ cdita Pimienta negra

1. Combinar los macarrones, el agua, la nata, ¾ del queso, la mostaza, las hierbas, la sal, la pimienta negra y el ajo en polvo en una cacerola de 18 centímetros que sea lo suficientemente profunda como para contener todos los ingredientes. Revolver para combinar.
2. Encender la freidora y calentarla a la temperatura 185°C. Colocar la mezcla de todos los macarrones y cocinar durante 18-20 minutos. A mitad de la cocción, abrir la cesta de la freidora y añadir el queso restante. Remover, cerrar, y continuar con la cocción.
3. Una vez terminado, revolver los macarrones con queso. Sacar la sartén de la cesta y dejar que se enfríe durante 5-10 minutos. La preparación se espesará y estará lista para servir.

¡Una versión divertida de un clásico!

449 Calorías | 21 g Grasas | 41 g Carbohidratos | 21 g Proteínas

50 Champiñones rellenos

4 porciones (4 champiñones p.p.) | 27 minutos de cocinado

Ingredientes

16 Champiñones grandes *(pueden ser portobellos también)*
1 **cda** Mantequilla salada
2 Dientes de ajo, *picados*
½ Cebolla, *picada*
115 **g** Queso untable
¼ **cdita** Tomillo
1 **cdita** Sal
½ **cdita** Pimienta
1 **cda** Perejil fresco, *picado*
1 **cdita** Salsa Worcestershire
55 **g** Queso parmesano

1. Limpiar los champiñones y quitarles los tallos. Cortar los tallos finamente.
2. Combinar los tallos, el ajo, la cebolla y la mantequilla en una sartén pequeña. Cocinar la cebolla hasta que esté tierna, luego enfriar la mezcla por completo.
3. Mezclar la mezcla de cebolla con el queso crema, el tomillo, la salsa Worcestershire, el perejil, la pimienta, y 3 cucharadas de queso parmesano.
4. Rellenar las tapas de los champiñones con la mezcla de queso crema y espolvorear el queso parmesano por encima.
5. Colocar los champiñones en la freidora de aire y cocinar a 195°C durante 7-9 minutos.

¡A disfrutar!

200 Calorías | 16 g Grasas | 6 g Carbohidratos | 9 g Proteínas

Recetas de carne

51 Cordon Bleu

2 porciones | 40 minutos de cocinado

Ingredientes

2 Pechugas de pollo deshuesadas y sin piel
½ cdita Sal
½ cdita Pimienta negra
1 cda Mostaza de Dijon
4 rebanadas Queso suizo
4 lonchas Jamón horneado
60 g Harina multiusos
1 Huevo
150 g Panko
60 g Queso parmesano rallado
Spray de AOVE

1. Cortar las pechugas de pollo, abriéndolas por el medio con un cuchillo afilado y aplanarlas. De esta forma, los filetes serán más delgados y más fáciles de manipular.
2. Condimentar las pechugas y untarlas con mostaza de Dijon. Colocar una rebanada de queso en cada pechuga y cubrirla con dos lonchas de jamón.
3. Enrollar cada pechuga y asegurarlas con palillos de madera.
4. Colocar la harina en un bol y el huevo en otro. Por otro lado, combinar el panko con el queso parmesano.
5. Precalentar la freidora a 175°C.
6. Sumergir el pollo primero en harina, luego en huevo y finalmente en pan rallado. Rociar el pollo con spray antiadherente y dejar reposar durante 5 minutos mientras la freidora termina de calentarse.
7. Colocar el pollo en la cesta de la freidora y cocinar por 10 minutos. Una vez transcurrido el tiempo, dar vuelta y cocinar durante 8 minutos más.

¡Disfrutar con patatas fritas!

728 Calorías | 31 g Grasas | 56 g Carbohidratos | 63 g Proteínas

52 Jamón glaseado

12 porciones | 45 minutos de cocinado

Ingredientes

1 ½ kg Jamón ahumado *deshuesado completamente, cocido y cortado en rodajas*
100 g Azúcar moreno
2 cdas Zumo de piña
2 cdas Vinagre de manzana
1 cda Miel
½ cdita Pimentón
½ cdita Pimienta de Cayena
½ cdita Canela
½ cdita Nuez moscada
½ cdita Sal

1. Combinar el azúcar, el vinagre, la miel, el zumo de piña, la canela, la nuez moscada, el pimentón, la cayena y la sal en un bol pequeño. Batir y reservar.
2. Colocar el jamón sobre papel de aluminio. Rociar aproximadamente 1/4 del glaseado sobre el jamón.
3. Cerrar el papel de aluminio alrededor del jamón para cubrirlo completamente. Colocar el jamón en la cesta de la freidora.
4. Ajustar la temperatura a 160ºC y cocinar durante 15 minutos.
5. Sacar la cesta de la freidora y abrir con cuidado sólo la parte superior del papel de aluminio alrededor del jamón. Untarlo con más glaseado, volver a envolver y cocinar otros 5.
6. Repetir el último paso unas 3-4 veces (con un tiempo total de cocción de 15-20 minutos después de los 15 minutos iniciales).
7. Tener mucho cuidado de no secar el jamón, asegurándose de volver a envolverlo cada vez. Retirar y dejar reposar 5 minutos antes de servir.

¡Una opción original y deliciosa!

184 Calorías | 3 g Grasas | 17 g Carbohidratos | 22 g Proteínas

53 Pollo a la parmesana

4 porciones | 20 minutos de cocinado

Ingredientes

250 g Pechugas de pollo
60 g Queso parmesano rallado
150 g Pan rallado
2 Huevos
150 ml Salsa marinara
60 g Queso mozzarella

1. Precalentar la freidora a 180ºC durante 3 minutos.
2. Cortar las pechugas de pollo por la mitad, a lo largo. Machacar las pechugas de pollo en trozos más finos para que tengan todas del mismo grosor.
3. En un bol mediano, mezclar el pan rallado y el queso parmesano. En otro bol, batir los huevos.
4. Pasar cada trozo de pollo por el huevo y luego por la mezcla de pan rallado.
5. Colocar las pechugas en una sola capa dentro de la cesta de la freidora de aire y cocinarlas durante 6 minutos.
6. Dar vuelta las pechugas y cubrir con la salsa marinara y el queso mozzarella. Freír durante 3-4 minutos más o hasta que el pollo esté cocido y dorado por fuera.

¡Y disfrutar esta delicia con toques italianos!

541 Calorías | 18 g Grasas | 43 g Carbohidratos | 47 g Proteínas

54 Arroz con pollo
6 porciones | 25 minutos de cocinado

Ingredientes

325 g Arroz, *ya cocido*
130 g Pollo, *cortado en cubos*
5 cdas Salsa de soja
200 g Verduras congeladas *(guisantes y maíz)*
2 Cebolletas, *en rodajas*
1 cdita Aceite de sésamo
1 cdita Aceite vegetal
1 cdita Sal

1. Precalentar la freidora a 180°C.
2. Mezclar todos los ingredientes en un bol grande.
3. A continuación, transferirlo a una sartén antiadherente que quepa dentro de la cesta de la freidora.
4. Cocinar durante 20 minutos, removiendo la mezcla de arroz un par de veces durante la cocción.

¡Una receta rápida y sencilla!

420 Calorías | 2 g Grasas | 80 g Carbohidratos | 15 g Proteínas

55 Alitas con pimienta y limón

4 porciones | 30 minutos de cocinado

Ingredientes

1.5 kg Alitas de pollo secas
5 cdas Mantequilla salada
1 cdita Pimienta negra
1 cdita Ralladura de limón
1 cdita Perejil, *picado*
½ cdita Sal

1. Precalentar la freidora de aire a 195°C.
2. Colocar las alitas de pollo secadas con papel absorbente en la cesta y cocinarlas durante 25 minutos, agitando la cesta cada 10 minutos para asegurar una cocción uniforme.
3. Cuando se acabe el tiempo, agitar la cesta, aumentar la temperatura a 205°C y cocinar durante 5 minutos más, o hasta que la piel esté dorada y crujiente.
4. Repetir la operación con el resto de las alitas en tandas según sea necesario.
5. Mientras se cocinan, preparar la salsa de limón y pimienta. En un tazón pequeño, combinar la mantequilla y los condimentos, batiendo bien.
6. Colocar las alitas cocidas en un tazón grande y verter la salsa de pimienta y limón sobre ellas.

Decorar con perejil… ¡y servir!

906 Calorías | 70 g Grasas | 5 g Carbohidratos | 63 g Proteínas

56 Pastel de pollo

4 porciones | 22 minutos de cocinado

Ingredientes

1 Masa de hojaldre
3 Muslos de pollo, *sin hueso y sin piel*
1 Zanahoria
1 Puerro
50 g Guisantes, *congelados*
2 cdas Leche
2 cdas Queso crema
1 cda Vino blanco
1 Huevo
Spray de AOVE

1. Extender la masa de hojaldre para que quepa en cuatro moldes pequeños, y rociarlos con spray de AOVE para que no se peguen.
2. Colocar los muslos de pollo en la cesta de la freidora y sazonar con sal, pimienta y perejil. Freír durante 10 minutos a 180°C.
3. Cuando esté listo, cortar el pollo en dados y ponerlos en un bol con los vegetales, el queso crema, el vino y la leche, y remover. Luego añadir los guisantes.
4. Colocar el relleno de la tarta de pollo en sus moldes. A continuación, cubrir con el hojaldre. Presionar la tapa y hacer unos pequeños cortes en la parte superior para que respire mientras se cocina.
5. Pincelar con huevo, colocar los moldes en la freidora y cocinar durante 17 minutos a 180°C. Cuando estén dorados y calientes, retirar.

Una receta ideal para el invierno.

562 Calorías | 40 g Grasas | 30 g Carbohidratos | 20 g Proteínas

57 Cerdo agridulce

4 porciones | 15 minutos de cocinado

Ingredientes

500 g Cerdo, *cortado en cubos*
4 cdas Almidón de maíz
120 ml Zumo de piña
100 g Azúcar moreno
3 cdas Vinagre de vino de arroz
1 cda Salsa de soja
½ cdita Jengibre molido o fresco
2 cdas Agua
1 cda Sal
50 g Piña, *cortada en cubos*

1. Precalentar la freidora a 205°C.
2. Combinar el cerdo y dos cucharadas de maicena en un bol y mezclar hasta que esté completamente cubierto.
3. Colocar el cerdo en la freidora y cocinarlo durante 7-9 minutos, agitando la cesta a mitad de tiempo. A continuación, retirar.
4. Mientras tanto, mezclar el zumo de piña, el azúcar moreno, el vinagre de vino de arroz, la salsa de soja y el jengibre y dejarlo cocer a fuego lento durante 5 minutos. Remover de vez en cuando.
5. Mezclar el resto de la maicena y el agua en un bol aparte y añadir a la salsa agridulce junto con los trozos de piña.
6. Dejar que se cocine a fuego lento durante un minuto más y retirar la salsa del fuego.
7. Mezclar el cerdo con la salsa y servirlo con arroz o verduras para una comida completa.

¡A disfrutar!

702 Calorías | 8 g Grasas | 81 g Carbohidratos | 72 g Proteínas

75

58 Chuletas de cordero

4 porciones | 1 hora y 15 minutos de cocinado

Ingredientes

8 Chuletas de cordero
3 cdas AOVE
1 cda Orégano seco
1 cdita Ajo en polvo
1 cdita Sal
½ cdita Pimienta negra

1. Secar el costillar de cordero con palmaditas. Quitar la piel de la parte inferior de las costillas si es necesario. Cortar en chuletas individuales.
2. En un bol grande, mezclar el aceite de oliva, el orégano, el ajo en polvo, la sal y la pimienta. Añadir el cordero y removerlo suavemente para cubrirlo con la marinada. Taparlo y dejarlo marinar durante 1 hora o hasta toda la noche en el refrigerador.
3. Precalentar la freidora de aire a 195ºC. Colocar las chuletas de cordero en la freidora en una sola capa, asegurándose de no superponerlas.
4. Freír durante 8 minutos, darles la vuelta y cocinar durante otros 3-6 minutos, o hasta que alcancen el punto de cocción que se prefiera. Servir caliente.

¡Buen provecho!

526 Calorías | 40 g Grasas | 1 g Carbohidratos | 41 g Proteínas

59 Sándwich de albóndigas y parmesano

2 porciones | 12 minutos de cocinado

Ingredientes

8 Albóndigas de carne *(ver receta más arriba)*
2 Panes estilo Viena
150 g Salsa marinara *(a temperatura ambiente o caliente)*
30 g Queso parmesano, *rallado*
½ cdita Orégano seco

1. Precalentar la freidora a 160°C.
2. Cocinar las albóndigas congeladas durante 9-11 minutos sacudiendo a mitad de tiempo hasta que la temperatura interna alcance los 160 grados.
3. Sacar las albóndigas de la freidora y mezclarlas con la salsa y el orégano.
4. Añadir las albóndigas a los panecillos y verter 2 cucharadas de salsa marinara por encima.
5. Cubrir el sándwich con queso parmesano recién rallado.
6. Poner la freidora a 180° grados, colocar lentamente los bocadillos de albóndigas con parmesano dentro de la cesta y cocinar durante 2 minutos hasta que el queso se derrita y la salsa se caliente.
7. Sacar con cuidado los bocadillos de la freidora y añadir más queso parmesano.

¡Para disfrutar en familia!

624 Calorías | 22 g Grasas | 82 g Carbohidratos | 26 g Proteínas

60 Torreznos

4 porciones | 55 minutos de cocinado

Ingredientes

750 g Panceta de cerdo
2 cditas Sal
1 cdita Pimienta negra
½ cda Polvo de hornear
½ cdita Ajo en polvo
Spray de AOVE

1. La noche anterior a la cocción, cortar la panceta de cerdo en tiras o trozos de medio centímetro y colocarla en un bol grande para mezclar.
2. Espolvorear con sal y frotarlo bien. A continuación, colocar la carne de cerdo, con la piel hacia arriba, en un plato grande y espolvorear con pimienta negra.
3. Colocar en el refrigerador, sin tapar, y dejar que enfríe durante toda la noche.
4. En un bol pequeño, batir el polvo para hornear y el ajo en polvo. Frotar la mezcla por toda la panceta.
5. Precalentar la freidora a 120ºC. Rociar la cesta con spray de AOVE y luego rociar también el cerdo. Tiene que estar bien cubierto.
6. Colocar en la freidora en una sola capa con la piel hacia arriba y freír durante 25 minutos. Luego, aumentar la temperatura a 205º y cocinar 20 minutos más.
7. Añadir más tiempo en intervalos de 5 minutos hasta que la piel esté tan crujiente como se desee.

¡Disfrutar calientes o fríos!

531 Calorías | 40 g Grasas | 1 g Carbohidratos | 39 g Proteínas

61 Hamburguesas con queso

4 porciones | *20 minutos de cocinado*

Ingredientes

500 g Carne de ternera molida
1 cdita Salsa Worcestershire
1 cdita Sal
1 cdita Ajo en polvo
1 cdita Cebolla en polvo
4 rebanadas Queso cheddar
4 Panes de hamburguesa

Toppings adicionales pueden ser lechuga, tomate, pepinillos, bacon, ketchup, mostaza, mayonesa, etc.

1. En un bol grande, mezclar la carne, la salsa Worcestershire, la sal, el ajo en polvo y la cebolla en polvo y unir con las manos. No amasar demasiado y formar 4 hamburguesas.
2. Colocar las hamburguesas en la freidora y cocinarlas durante 8 minutos a 180°C. Darles la vuelta y cocinarlas durante 6-8 minutos más.
3. Cubrir cada hamburguesa con una rebanada de queso y cocinar durante un minuto más o hasta que el queso se derrita.
4. Servir en panes con los toppings y condimentos favoritos.

¡A disfrutar la noche de hamburguesas!

580 Calorías | 34 g Grasas | 34 g Carbohidratos | 32 g Proteínas

62 Taquitos de ternera
4 porciones | 30 minutos de cocinado

Ingredientes

500 g Carne de ternera molida
14 Tortitas para tacos medianas de mezcla de maíz y harina
150 g Mezcla de quesos mexicana
1 cdita Sal
1 cdita Orégano
1 cdita Ajo en polvo
1 cdita Comino
½ cdita Pimienta negra
Spray de AOVE

1. Precalentar la freidora a 170°C durante 10 minutos.
2. Agregar la sal, la pimienta, el orégano, el ajo en polvo y el comino a la carne molida. Mezclar bien.
3. Añadir el relleno de carne a la tortilla, asegurándose de extenderlo hasta los bordes de la misma. Añadir el queso y enrollar bien. Asegurar los extremos con palillos.
4. Rociar aceite en todos los lados de los taquitos y añadirlos, en una sola capa, a la cesta de la freidora.
5. Freír durante unos 8 minutos, hasta que estén dorados y crujientes.
6. Sacar inmediatamente y servir con la salsa a elección.

¡Una opción deliciosa!

217 Calorías | 12 g Grasas | 16 g Carbohidratos | 11 g Proteínas

63 Bagel de tocino, cheddar y huevo

1 porción | 15 minutos de cocinado

Ingredientes

2 Lonchas de tocino
1 Rebanada de queso cheddar
1 Huevo
½ **cdita** Sal
½ **cdita** Pimienta negra
1 **cdita** Mantequilla
1 Bagel

1. Colocar el tocino en la freidora, en la rejilla superior. Cocinar durante 4 minutos a 200°C.
2. Retirar el tocino. Agregar el pan para que se tueste, previamente untado con la mantequilla, y bajar la freidora a 175°C. Cocinar durante 4 minutos también.
3. Preparar el huevo revuelto (puede ser en la freidora o en una sartén). Colocar el tocino encima de la tapa inferior del bagel, y el huevo por encima del tocino.
4. Espolvorear con sal y pimienta y colocar encima el queso cheddar. Llevar 3 minutos a la freidora para que este se derrita.
5. Cubrir con la tapa superior y servir inmediatamente.

¡Un gran desayuno!

370 Calorías | 8 g Grasas | 30 g Carbohidratos | 23 g Proteínas

64 Bistec con mantequilla y romero
4 porciones | 20 minutos de cocinado

Ingredientes

2 Filetes de costilla, de *450 g cada uno*
1 cda AOVE
½ **cdita** Pimienta
½ **cdita** Sal
2 **cdas** Mantequilla salada, *derretida*
1 Ramillete romero fresco

1. Para preparar la cobertura, derretir la mantequilla en el microondas durante unos 30 segundos. Mezclar con las hojas de romero y volver a ponerlo en el refrigerador mientras se cocina el bistec.
2. Cubrir ligeramente el filete con aceite de oliva por ambos lados y luego añadir sal y pimienta.
3. Precalentar la freidora a 205ºC y cocinar de 6-8 minutos por lado, dependiendo de la preferencia de cocción.
4. Dejar que el bistec se asiente durante 5-10 minutos antes de servirlo y cubrir con una cucharada de mantequilla preparada.

¡Muy delicioso!

323 Calorías | 26 g Grasas | 1 g Carbohidratos | 23 g Proteínas

65 Pollo a la crema de ajo

4 porciones | 30 minutos de cocinado

Ingredientes

2 Pechugas de pollo grandes, *sin hueso y sin piel*
2 cditas Ajo granulado
1 cdita Sal
1 cdita Pimienta negra
35 g Harina multiusos
2 cdas Mantequilla
2 cdas AOVE
1 Cebolla, *finamente picada*
1 Ajo entero, *pelado*
235 ml Caldo de pollo
230 ml Crema de leche
80 g Queso parmesano, *rallado*
1 cdita Pimienta negra
2 cdas Perejil, picado

1. Precalentar la freidora durante 5 minutos a 180°C.
2. Cortar el pollo por la mitad horizontalmente y sazonar por ambos lados con ajo granulado, sal y pimienta. En un bol, mezclar la harina y el parmesano.
3. Rebozar el pollo y sacudir el exceso. Rociar la cesta con un poco de aceite, colocar el pollo y rociar con más aceite por encima. Cocinar 6 minutos por lado.
4. Para preparar la salsa, añadir el aceite y la mantequilla a una sartén grande.
5. Añadir las cebollas y saltearlas hasta que estén blandas. A continuación, añadir los dientes de ajo enteros y cocinar durante unos segundos hasta que estén ligeramente dorados por fuera.

6. Añadir el caldo de pollo y cocinar a fuego lento durante 5 minutos. Reducir el fuego a bajo y añadir la nata. Dejar que se cocine a fuego lento durante 2 o 3 minutos más. Añadir el parmesano y seguir cocinando durante 2 minutos hasta que el queso se derrita y la salsa esté burbujeante. Sazonar con pimienta negra.
7. Añadir el pollo frito y cocinar durante un par de minutos para que se impregne de todos los sabores. Adornar con perejil picado.

¡Un buen acompañamiento para la pasta!

455 Calorías | 29 g Grasas | 16 g Carbohidratos | 32 g Proteínas

66 Dumplings de cerdo

2 porciones | 1 hora de cocinado

Ingredientes

1 **cdita** Aceite de canola
350 **g** Col china, *picada*
1 **cda** Jengibre fresco, *picado*
3 Dientes de ajo, *picados*
115 **g** Carne de cerdo molida
½ **cdita** Pimienta roja
18 Envoltorios de Wonton
2 **cdas** Vinagre de arroz
2 **cditas** Salsa de soja
1 **cdita** Aceite de sésamo tostado
½ **cdita** Azúcar moreno
½ Cebolla, *picada finamente*
Spray de AOVE

1. Calentar el aceite de canola en una sartén grande antiadherente a fuego medio-alto. Agregar la col china y cocinar hasta que se ablande y se seque, de 6 a 8 minutos. Añadir el jengibre y el ajo; cocinar durante 1 minuto. Reservar.
2. Mezclar la carne de cerdo molida, la mezcla de col china y la pimienta roja en un bol mediano.
3. Extender un envoltorio de Wonton en la superficie de trabajo y colocar aproximadamente una cucharada de relleno en el centro del mismo. Con una brocha de pastelería o con los dedos, humedecer ligeramente los bordes del envoltorio. Doblar para darle forma de media luna, presionando los bordes para sellarlos. Repetir el proceso hasta tener 18.

4. Cubrir ligeramente la cesta de la freidora con spray de AOVE. Colocar 6 dumplings en la cesta, dejando espacio entre cada uno y rociar ligeramente con más spray.
5. Cocinar a 190°C durante 12 minutos hasta que estén dorados, dándoles la vuelta a mitad de la cocción.
6. Mientras tanto, mezclar el vinagre de arroz, la salsa de soja, el aceite de sésamo, el azúcar moreno y las cebolletas en un bol pequeño hasta que el azúcar se disuelva.

¡Disfrutar la cena con toque asiático!

407 Calorías | 8 g Grasas | 55 g Carbohidratos | 26 g Proteínas

67 Costillitas BBQ

4 porciones | 40 minutos de cocinado

Ingredientes

1 Costillar de cerdo de 1,5 kg, *cortado a la mitad*
3 cdas Pimentón ahumado
½ cdita Sal
100 g Salsa barbacoa

1. Sazonar las costillas con el pimentón y la sal, cubriendo bien ambos lados.
2. Precalentar la freidora de aire a 195°C durante unos minutos, luego colocar las costillas en la cesta con la carne hacia abajo y cocinar durante 20 minutos.
3. Una vez transcurrido el tiempo, tomar un par de pinzas y dar la vuelta a las costillas. Cocinarlas durante 10 minutos más.
4. Una vez terminado el tiempo, abrir la cesta y cubrir con la salsa barbacoa. Volver a la freidora de aire y cocinar durante 5 minutos a 205°C.
5. Retirar y dejar reposar durante unos minutos.

¡Cubrir con más salsa y disfrutar!

576 Calorías | 36 g Grasas | 22 g Carbohidratos | 42 g Proteínas

68 Kabobs de ternera y vegetales

4 porciones (3 kabobs p.p) | 3 horas y 10 minutos de cocinado

Ingredientes

500 g Carne de ternera, *cortada en cubos*
1 Cebolla, *cortada en cubos*
1 Pimiento rojo, *cortado en cubos*
1 Calabacín, *cortado en cubos*
60 ml Salsa de soja
60 ml Salsa Worcestershire
50 ml AOVE
50 g Azúcar moreno
2 cdas Mostaza picante
1 cda Sal
1 cda Aceite de sésamo
1 cdita Sriracha

1. Combinar los ingredientes de la salsa en un bol grande. Batir bien y dividir en dos partes.
2. Añadir la carne a una mitad de la marinada y ponerla en la nevera durante 2 horas.
3. Colocar los vegetales en el resto de la marinada y llevar a la nevera durante 1 hora.
4. Una vez transcurrido el tiempo, preparar las brochetas. Si se utilizan pinchos de madera, sumergirlos en agua durante 1 minuto para evitar que se quemen durante el proceso de cocción. Colocar la carne y las verduras en las brochetas.
5. Precalentar la freidora de aire a 175°C durante 2 minutos.
6. Colocar las brochetas en la freidora, manteniendo suficiente espacio entre ellas para permitir que el aire fluya libremente. Cocinar durante 4-5 minutos. Darles la vuelta y cocinar durante 2-3 minutos más.
7. Cocinar por más o menos tiempo, dependiendo de la preferencia. Retirar de la freidora con pinzas y disfrutar.

252 Calorías | 13 g Grasas | 20 g Carbohidratos | 14 g Proteínas

69 Pollo empanizado

4 porciones | 25 minutos de cocinado

Ingredientes

500 g Pechuga de pollo
2 Huevos
100 g Pan rallado
1 cdita Pimentón
1 cdita Ajo en polvo
1 cdita Cebolla en polvo
2 cditas Sal
Spray de AOVE

1. Colocar las pechugas de pollo crudas en una tabla de cortar y secarlas con toallas de papel. Utilizar un cuchillo de chef afilado para cortar las pechugas de pollo en tiras uniformes de aproximadamente medio centímetro.
2. En un bol, añadir los huevos y batirlos hasta que se mezclen. En otro bol de fondo plano, añadir el pan rallado y todas las especias.
3. Añadir cada trozo de pollo crudo al bol de los huevos crudos y utilizar un tenedor para cubrir todos los lados. De uno en uno, pasar cada trozo de pollo al otro bol y cubrirlo completamente con el pan.
4. Colocar el pollo en la cesta de la freidora en una sola capa, sin tocarse si es posible.
5. Cubrir el pollo con spray de AOVE la cesta de la freidora, debe ser una cantidad abundante, pero sin que gotee del pollo. Esto hará que el empanado se vea húmedo y cubra cualquier punto seco.
6. Freír los filetes de pollo a 195°C durante 10-12 minutos, dándoles la vuelta a mitad de tiempo. Si aún no están dorados, cocinar durante 8 minutos más.

¡Servir con ensalada o patatas fritas y disfrutar!

249 Calorías | 9 g Grasas | 11 g Carbohidratos | 30 g Proteínas

70 Perritos calientes

8 porciones | 10 minutos de cocinado

Ingredientes

8 Salchichas de cerdo
8 Panes para perritos

Toppings opcionales

Relish
Mostaza
Ketchup
Cebollas picadas
Queso rallado

1. Colocar las salchichas en la cesta de la freidora. Ajustar la temperatura a 205°C y cocinar durante 6 minutos.
2. Retirar las salchichas y colocarlas en los panecillos. Volver a colocar los perritos calientes en la freidora de aire a 205°C de 1 a 2 minutos, para obtener un panecillo tostado y caliente.
3. Si se desea queso, añadir ahora para que se derrita.
4. Cubrir con los aderezos deseados.

¡Servir inmediatamente y disfrutar!

299 Calorías | 16 g Grasas | 27 g Carbohidratos | 11 g Proteínas

71 Fajitas de pollo

4 porciones (2 fajitas p.p.) | 20 minutos de cocinado

Ingredientes

2 Pechugas de pollo deshuesadas y sin piel, *cortadas en tiras*
8 Tortitas de trigo para fajitas
1 Pimiento rojo, *en rodajas*
1 Pimiento amarillo, *en rodajas*
1 Pimiento verde, *en rodajas*
1 Cebolla, *en rodajas*
3 cdas Sazón para fajitas
1 cdita Sal
1 cda Aceite vegetal

1. Precalentar la freidora a 200°C.
2. Rociar el aceite sobre las tiras de pollo y sazonarlas con el condimento para fajitas. Revolver bien y asegurarse de que estén uniformemente cubiertas con el condimento. Añadir las verduras y sazonar bien.
3. Poner todo en la cesta de la freidora. Freír durante 15 minutos, removiendo a mitad de camino.
4. Servir con tortillas calientes, pico de gallo, rodajas de aguacate o guacamole.

¡Una deliciosa cena mexicana!

154 Calorías | 10 g Grasas | 4 g Carbohidratos | 11 g Proteínas

72 Rollitos de carne con verdura

3 porciones | 20 minutos de cocinado

Ingredientes

1 kg Filetes de carne de ternera, *bien delgados*
½ cda Salsa de soja
2 Dientes de ajo, *machacados*
500 g Espárragos, *recortados*
3 Pimientos, *sin semillas y cortados en rodajas finas*
60 ml Vinagre balsámico
45 ml Caldo de carne
2 cdas Mantequilla sin sal
Spray de AOVE

1. Sazonar los filetes con sal y pimienta. Colocarlos en una bolsa grande con cierre. Añadir la salsa tamari y el ajo y sellar.
2. Masajear los filetes para que queden completamente cubiertos. Ponerlos en la nevera y dejarlos marinar durante un mínimo de 1 hora y hasta toda la noche.
3. Para el montaje, retirar los filetes de la marinada y colocarlos en una tabla o lámina de cortar. Desechar la marinada.
4. Dividir por igual y colocar los espárragos y los pimientos en el centro de cada trozo de filete. Enrollar el filete alrededor de las verduras y fijarlo con palillos.
5. Precalentar la freidora a 205ºC. Colocar los rolls en la cesta, rociar con AOVE y cocinar durante 5 minutos.
6. Una vez cocidos, dejarlos reposar 5 minutos antes de servir.
7. Mientras los filetes descansan, en una cacerola pequeña calentar el vinagre balsámico, el caldo y la mantequilla a fuego medio.
8. Continuar cocinando hasta que la salsa se haya espesado y reducido a la mitad. Sazonar con sal y pimienta.

¡Cubrir los filetes con la salsa y disfrutar!

732 Calorías | 28 g Grasas | 8 g Carbohidratos | 105 g Proteínas

73 Salteado de carne con brócoli

4 porciones | 1 hora de cocinado

Ingredientes

500 g Carne de ternera, cortado en rodajas finas
4 Dientes de ajo picados
50 ml Salsa de soja
50 ml Agua
2 cdas Aceite de sésamo
2 cditas Jengibre rallado
1 cdita Sriracha
500 g Brócoli
1 cdita AOVE
½ cdita Almidón de maíz

1. Añadir el filete en un bol. En otro, batir el ajo, la salsa de soja, el agua, el aceite de sésamo, el jengibre y la Sriracha.
2. Verter la mitad de la mezcla de salsa de soja sobre el filete, remover para combinar, cubrir y refrigerar durante 30 min. Reservar el resto de la mezcla de salsa de soja para la salsa.
3. Una vez marinado, colocar el bistec en la cesta de la freidora y cocinar a 190°C durante 8 minutos.
4. Añadir el brócoli a un bol, rociar con aceite de oliva y revolver para combinar y cubrir.
5. Después de que el filete se haya cocinado durante 8 minutos, añadir el brócoli a la cesta y cocinarlo durante otros 4 minutos.
6. En un bol pequeño, batir la mezcla de salsa de soja reservada y la maicena.
7. Calentar en el microondas a potencia alta durante 1 minuto. En este punto la salsa debe ser lo suficientemente espesa como para cubrir el dorso de una cuchara. Si está demasiado espesa, añadir un chorrito de agua o, si está demasiado fina, cocinar durante otros 15-30 segundos.
8. Sacar el bistec y el brócoli de la freidora, mezclarlos con la salsa espesa y servirlos sobre el arroz.

429 Calorías | 29 g Grasas | 11 g Carbohidratos | 35 g Proteínas

74 Pastel de carne

4 porciones | 35 minutos de cocinado

Ingredientes

500 g Carne de ternera picada
50 g Pan rallado
1 Cebolla pequeña, *picada*
60 ml Leche
2 cdas Ketchup
2 cditas Salsa Worcestershire
1 cdita Sal
½ cdita Pimienta
½ cdita Ajo en polvo
½ cdita Mezcla de especias italiana
1 Huevo

Para el glaseado

60 ml Ketchup
100 g Azúcar moreno
1 cda Vinagre de vino
½ cdita Ajo en polvo

1. En un bol grande, combinar todos los ingredientes del pastel de carne. Incorporar todo muy bien y darle forma de pan.
2. Transferir este pan a la freidora. Cocinar a 175ºC durante 15 minutos.
3. Mientras se cocina el pastel de carne, preparar el glaseado. Combinar el kétchup, el azúcar moreno, el vinagre y el ajo en polvo en un bol pequeño.
4. Sacar la cesta, pintar el pastel de carne con el glaseado y cocinar durante 5 minutos más.

¡Servir y disfrutar!

434 Calorías | 40 g Grasas | 25 g Carbohidratos | 24 g Proteínas

75 Chuletas de cerdo

4 porciones | 15 minutos de cocinado

Ingredientes

4 Chuletas de cerdo deshuesadas
1 cda AOVE
2 cdas Azúcar moreno
1 cdita Sal
1 cdita Pimentón
1 cdita Ajo en polvo
1 cdita Cebolla en polvo
½ cdita Pimienta negra

1. Precalentar la freidora a 205°C durante 5 minutos.
2. Secar las chuletas de cerdo con toallas de papel. Luego, frotar ambas caras con un poco de AOVE.
3. En un bol pequeño, mezclar el azúcar moreno y las especias.
4. Frotar ambos lados de las chuletas con esta mezcla.
5. Colocarlas en una sola capa en la cesta de la freidora de aire. Freír durante 8-9 minutos, dándoles la vuelta a mitad de camino.

Acompañar con puré de patatas con hierbas... ¡y disfrutar!

268 Calorías | 13 g Grasas | 7 g Carbohidratos | 29 g Proteínas

76 Muslitos de pollo asiáticos

4 porciones | 1 hora de cocinado

Ingredientes

8 Muslos de pollo deshuesados y sin piel
60 ml Salsa de soja
50 ml Miel
4 Dientes de ajo, *finamente picados*
1 cda Ketchup
2 cdas Perejil fresco, *picado*
1 cdita Orégano seco
Semillas de sésamo, para decorar, *opcional*
Cebolletas picadas, para decorar, *opcional*

1. En un bol, batir la salsa de soja, la miel, el ajo, el kétchup, el perejil y el orégano hasta que se incorporen por completo. Separar ¼ de la mezcla y reservar.
2. Verter el resto de la marinada en un bol grande y agregar el pollo. Tapar, dejar reposar entre 30 minutos y 8 horas.
3. Precalentar la freidora a 205°C. Retirar el pollo de la marinada y cocinar en dos tandas de 4 muslos cada vez.
4. Cocinar durante 8 minutos, dar la vuelta y cocinar durante 6 minutos más.
5. Mientras esto se prepara, verter el resto de la salsa en una olla pequeña y cocinar a fuego medio-bajo durante 2 minutos, o hasta que espese.
6. Colocar el pollo en un plato, untar con el glaseado, adornar con semillas y cebolletas y servir.

¡Riquísimo!

361 Calorías | 9 g Grasas | 23 g Carbohidratos | 46 g Proteínas

77 Pollo asado con vegetales

5 porciones | 20 minutos de cocinado

Ingredientes

500 g Pollo (pechuga o muslos), en cubos de ½ centímetro
1 Calabacín pequeño, en cubos de ½ centímetro
1 Pimiento rojo, en cubos de ½ centímetro
100 g Champiñones
1 Cebolla morada pequeña, en cubos de ½ centímetro
2 cdas AOVE
1 cdita Ajo en polvo
1 cdita Cebolla en polvo
1 cdita Chile en polvo
1 cdita Sal
½ cdita Pimienta negra

1. Precalentar la freidora a 205ºC.
2. Añadir el pollo y las verduras a un bol grande.
3. Mezclar el ajo en polvo, la cebolla en polvo, el chile en polvo, el condimento italiano, la sal y la pimienta en un bol pequeño. Verter el aceite sobre las verduras y el pollo y revuelva para cubrir todo en el aceite. A continuación, verter la mezcla de especias sobre todo y revolver bien para cubrir.
4. Rociar la cesta de la freidora con spray de AOVE y luego, trabajando en tandas, añadir la mitad de la mezcla de pollo y verduras en el fondo en una capa uniforme. No pasa nada si parte del pollo y las verduras se superponen.
5. Cerrar la freidora y cocinar durante 10 minutos, agitando la cesta a mitad de la cocción. Continuar hasta que haya cocinado todo.
6. Retirar y cubrir con perejil seco o fresco y un chorrito de limón si se desea.

¡Una verdadera delicia!

155 Calorías | 5 g Grasas | 4 g Carbohidratos | 21 g Proteínas

78 Huevos rotos con jamón

2 porciones | 30 minutos de cocinado

Ingredientes

10 Patatas pequeñas
1 cda AOVE
1 cdita Pimentón ahumado
1 cdita Ajo en polvo
1 cdita Cebolla en polvo
5 Huevos
3 Lonchas jamón serrano
1 cdita Sal
Spray de AOVE

1. Cortar las patatas en cuartos y revolverlas junto con el aceite, el pimentón, el ajo en polvo, la cebolla en polvo y la sal. Cocinarlas en la freidora durante 20 minutos a 140ºC y finalmente dorarlas 5 minutos más a 200ºC.
2. En una sartén antiadherente agregar un poco de spray de AOVE y los 5 huevos, bajar el fuego a mínimo para permitir que las claras se cocinen sin quemarse por debajo.
3. Con cuidado, pasar los huevos al plato y decorar con las patatas y jamón serrano. Por último, añadir una pizca de sal.

¡A disfrutar!

884 Calorías | 22 g Grasas | 138 g Carbohidratos | 35 g Proteínas

79 Pollo rostizado

4 porciones | 1 hora de cocinado

Ingredientes

1 Pollo entero, 2 kg aproximadamente
2 cdas Aceite de aguacate

Para el aliño

2 cditas Sal marina
1 cdita Pimienta
½ cdita Comino
½ cdita Chile en polvo
½ cdita Ajo en polvo
½ cdita Cebolla en polvo
½ cdita Pimentón ahumado

1. Asegurarse de que el pollo entero quepa en la freidora.
2. Preparar el aliño combinando todos los ingredientes del aliño en un bol o frasco pequeño.
3. Una vez que el pollo esté completamente descongelado, secar suavemente con una toalla de papel.
4. Rociar el pollo con aceite y frotarlo por toda la piel con las manos. Frotar el condimento por todo el pollo, tratando de cubrirlo lo más uniformemente posible.
5. Precalentar la freidora a 205°C. Colocar el pollo en la cesta con la pechuga hacia abajo y cocinarlo durante 20 minutos.
6. Una vez transcurridos los 20 minutos, dar la vuelta al pollo con cuidado utilizando unas pinzas. Poner la freidora a 175°C y cocinar durante otros 30-40 minutos.
7. Una vez que la temperatura interna alcance los 75°C, retirar el pollo y dejarlo reposar 5-10 minutos antes de servir.

¡Fácil y delicioso!

653 Calorías | 40 g Grasas | 48 g Carbohidratos | 51 g Proteínas

80 Lomo de cerdo especiado

4 porciones | 30 minutos de cocinado

Ingredientes

1 Lomo de cerdo, *700 g aproximadamente*
2 cdas Azúcar moreno
1 cda Pimentón ahumado
½ cdita Sal
1 cdita Mostaza en polvo
½ cdita Cebolla en polvo
½ cdita Pimienta negra
½ cdita Ajo en polvo
½ cdita Pimienta de Cayena
1 cda AOVE

1. Mezclar todos los ingredientes secos en un bol.
2. Recortar el lomo de cerdo de cualquier exceso de grasa/piel. Cubrir con ½ cucharada de aceite de oliva y frotar la mezcla de especias en todo el lomo.
3. Precalentar la freidora a 205°C durante 5 minutos. Después, colocar cuidadosamente el lomo de cerdo en la freidora y freír durante 20-22 minutos.
4. Cuando haya terminado, retirar con cuidado el cerdo a una tabla de cortar y dejarlo reposar durante 5 minutos antes de cortarlo. Guardar los jugos para servirlos sobre la carne cortada.

¡A disfrutar!

483 Calorías | 28 g Grasas | 6 g Carbohidratos | 48 g Proteínas

81 Empanadillas de carne

10 porciones | 45 minutos de cocinado

Ingredientes

1 **cda** Mantequilla
500 g Carne de ternera, *picada*
2 Dientes de ajo, *picados*
½ Cebolla pequeña, *picada*
½ Pimiento rojo, *picado*
1 cdita Comino
½ **cdita** Pimentón
½ **cdita** Pimienta negra y sal
1 cdita Chile en polvo
100 ml Caldo de carne
1 Huevo
1 cda Agua
10 Discos de masa de empanadillas

1. En una sartén grande a fuego medio-alto, derretir la mantequilla. Agregar la carne molida y cocinar hasta que se dore, aproximadamente de 5 a 6 minutos. Retirar.
2. Agregar el ajo, la cebolla y el pimiento a la sartén. Cocinar hasta que estén fragantes, de 1 a 2 minutos. Añadir el comino, el pimentón, la sal, la pimienta y el chile en polvo. Cocinar de 1 a 2 minutos más, revolviendo frecuentemente.
3. Verter el caldo de carne y volver a poner la carne picada en la sartén. Cocinar a fuego lento aproximadamente 10 minutos o hasta que el líquido se haya evaporado.
4. En un tazón pequeño separado, mezclar el huevo y el agua. Colocar los discos de empanada en una superficie plana.

5. Colocar aproximadamente 3 cucharadas de la mezcla de relleno en el centro de cada disco. Doblar la masa por la mitad, llevando un borde sobre el relleno de la masa para que se encuentre con el otro borde. Pellizcar los bordes con los dedos o presionar con las púas de un tenedor para sellarlos. Pintar ligeramente el exterior de la masa con una capa de huevo.
6. Precalentar la freidora a 165ºC. Rociar la cesta con spray de AOVE y colocar las empanadas en una capa uniforme, sin tocarse ni superponerse para cocinarlas durante 8 a 9 minutos, hasta que estén doradas y calientes.

¡Servir calientes y disfrutar!

248 Calorías | 12 g Grasas | 22 g Carbohidratos | 13 g Proteínas

82 Pechugas caprese

4 porciones | 25 minutos de cocinado

Ingredientes

4 Pechugas de pollo
1 **cdita** Mezcla de especias italiana
1 **cdita** Albahaca seca
½ **cdita** Ajo en polvo
1 **cdita** Sal
½ **cdita** Pimienta negra
4 Rebanadas de queso mozzarella fresco
4 Rodajas de tomate fresco

Para decorar

Albahaca fresca picada
Vinagre balsámico

1. Secar las pechugas de pollo con una toalla de papel. Espolvorearlas con el condimento italiano, la albahaca seca, el ajo en polvo, la sal y la pimienta.
2. Precalentar la freidora a 195°C. Colocar el pollo en la cesta con cuidado de que no se superpongan.
3. Cocinar durante 5 minutos, voltear y cocinar durante otros 5 minutos, o hasta que el pollo alcance la temperatura interna de 75°C.
4. Cubrir cada pechuga de pollo con una rebanada de queso mozzarella y una rodaja de tomate. Cocinar durante 2-3 minutos o hasta que el queso se haya derretido.
5. Una vez terminada la cocción, dejar reposar el pollo durante 5 minutos. Servir cubierto con albahaca fresca, y un chorrito de vinagre balsámico.

¡Muy rico y sencillo!

284 Calorías | 9 g Grasas | 2g Carbohidratos | 45 g Proteínas

83 Nuggets de pollo

3 porciones | 30 minutos de cocinado

Ingredientes

2 Pechugas de pollo (400 g aproximadamente)
120 ml Leche
1 Huevo
100 g Harina multiusos
½ **cdita** Pimentón
½ **cdita** Cebolla en polvo
½ **cdita** Ajo en polvo
½ **cdita** Sal
½ **cdita** Pimienta negra

1. Cortar las pechugas de pollo en cubos de 1cm,.
2. En un bol mezclar la harina, el pimentón, el ajo en polvo y la cebolla en polvo. Batir hasta que se combinen. En otro, combinar la leche, el huevo, la pimienta y la sal.
3. Rociar la cesta de la freidora con spray de AOVE.
4. Comenzar sumergiendo cada pieza de pollo en la leche y luego en la harina. Es importante que el pollo quede bien cubierto. A continuación, colocarlas en la freidora en una sola capa con algo de espacio entre cada pieza para que el aire fluya fácilmente alrededor de ellas.
5. Rociar el pollo con un poco más de AOVE por encima y cocinar a 205ºC durante 4 minutos. Luego de este tiempo, sacar la cesta, dar vuelta cada pieza y volver a rociar con aceite. Cocinar durante 4 minutos más.

¡Servir con salsa barbacoa!

421 Calorías | 12 g Grasas | 28 g Carbohidratos | 45 g Proteínas

84 Pollo a la naranja

4 porciones | 15 minutos de cocinado

Ingredientes

750 g Pechuga de pollo, en cubos
1 Huevo
75 g Almidón de maíz

Para la salsa

60 ml Jugo de naranja natural (2 naranjas, aproximadamente)
4 Dientes de ajo, *picados*
1 cdita Jengibre, *picado*
2 cdas Vinagre de vino de arroz
2 cdas Salsa de ostras
3 cdas Salsa de soja
2 cdas Miel
1 cda Agua
½ cda Chile en polvo

1. Precalentar la freidora a 190°C.
2. Cortar el pollo en cubos de ½ centímetro. Mezclar con el huevo batido hasta que todo el pollo esté cubierto.
3. En una bolsa de plástico grande, añadir la maicena. Con unas pinzas, sacar los trozos de pollo de la mezcla de huevo, dejando que el exceso de huevo escurra, y añadirlos a la bolsa.
4. Cerrar la bolsa y agitar los trozos de pollo hasta que estén completamente cubiertos por la maicena.

5. Colocar el pollo en la freidora y rociar con spray de AOVE toda la parte superior. Luego, dar vuelta y rociar el otro lado. Freír durante 10-15 minutos, o hasta que esté ligeramente dorado.
6. Mientras el pollo se cocina, preparar la salsa en una sartén mediana. Batir los ingredientes de la salsa y cocinar a fuego medio, revolviendo constantemente, hasta que la salsa se espese, unos 5 minutos.
7. Mezclar el pollo cocido con la salsa y servir inmediatamente.

¡A saborear!

380 Calorías | 3 g Grasas | 43 g Carbohidratos | 13 g Proteínas

85 Croquetas de jamón serrano

4 porciones (6 croquetas p.p.) | 1 hora de cocinado

Ingredientes

600 ml Leche
100 g Almidón de maíz
125 g Taquitos de jamón serrano
1 Cebolla
1 pizca Nuez moscada
½ cdita Pimienta negra
½ cdita Sal
2 Huevos
100 g Pan rallado
2 cdas AOVE

2. Picar la cebolla muy fina. Llevar a la sartén con AOVE y sal y dejar pochar. Una vez lista, incorporar la nuez moscada, la pimienta negra y la maicena y dejar que se tueste durante 2 minutos.
3. Agregar la leche poco a poco sin dejar de remover, evitando grumos.
4. Agregar los taquitos de jamón serrano y volver a remover bien. Dejar a fuego lento unos minutos hasta que espese.
5. Apartar la masa a un bol grande, tapar con papel film y dejar enfriar y reposar 2 horas aproximadamente.
6. Precalentar la freidora a 200ºC durante 5 minutos.
7. Coger pequeñas cantidades y con las manos dar forma de croquetas.
8. En un bol batir los huevos y en un plato llano poner el pan rallado. Pasar cada croqueta por el pan, el huevo, y el pan nuevamente.
9. Colocar en la cesta de la freidora y rociar con AOVE. Cocinar durante 8 minutos. Luego dar vuelta, y cocinar 3 minutos más.

¡Servir esta delicia bien caliente!

445 Calorías | 18 g Grasas | 55 g Carbohidratos | 21 g Proteínas

Recetas de pescado

86 Filete de pescado con pistachos

6 porciones | 17 minutos de cocinado

Ingredientes

6-8 Filetes de pescado, a gusto
60 g Pistachos triturados
35 g Pan rallado
2 cdas Queso parmesano
½ cdita Sal
2 cdas AOVE
4 cdas Mostaza de Dijón

1. En un recipiente poco profundo, mezclar los pistachos, el pan rallado, el queso parmesano, la sal y la pimienta y el aceite de oliva hasta que estén bien combinados
2. Secar el pescado con una toalla de papel. Untar una capa uniforme de mostaza de dijon en uno de los lados de los filetes.
3. Presionar firmemente el lado recubierto en la mezcla de pistachos.
4. Rociar la cesta de la freidora con spray de AOVE, colocar el pescado y cocinar a 175ºC durante 10-12 minutos, hasta que esté dorado.

¡Una verdadera delicia!

137 Calorías | 10 g Grasas | 8 g Carbohidratos | 4 g Proteínas

87 Salmón negro especiado

2 porciones | 15 minutos de cocinado

Ingredientes

2 Filetes de salmón fresco, de 170 g c/u
1 cdita Pimentón ahumado
½ cdita Cebolla en polvo
½ cdita Ajo en polvo
½ cdita Orégano
½ cdita Comino
½ cdita Pimienta negra
½ cdita Sal
½ cdita Mostaza en polvo
½ cdita Pimienta de Cayena
1 cda AOVE

1. Precalentar la freidora a 205°C durante 5 minutos.
2. Untar los filetes de salmón con aceite de oliva. Mezclar los ingredientes secos y aplicar generosamente al salmón.
3. Colocar el salmón sazonado en la cesta de la freidora o en la posición de la bandeja central, y cocinar durante 8-10 minutos (dependiendo del grosor del salmón).
4. Sacar el salmón de la freidora y dejarlo reposar 2-3 minutos antes de disfrutarlo.

Una forma original de preparar este delicioso pescado.

437 Calorías | 29 g Grasas | 3 g Carbohidratos | 40 g Proteínas

88 Gambas al ajillo

2 porciones | 15 minutos de cocinado

Ingredientes

340 g Gambas congeladas, *desvenadas*
1 cda AOVE
1 cda Zumo de limón
½ cdita Sal
½ cdita Pimienta negra molida
½ cdita Ajo en polvo
½ cdita Ajo picado

1. Secar las gambas con una toalla de papel y colocarlas en un bol mediano. Añadir el aceite de oliva, el zumo de limón, la sal, la pimienta, el ajo en polvo y el ajo picado y mezclarlo para cubrir todas las gambas.
2. Colocar las gambas en la freidora en una sola capa, trabajando en tandas si es necesario. Cocinar a 180ºC durante 10 minutos, dando la vuelta después de 5 minutos.
3. Servir y disfrutar con una salsa de cóctel, sobre la pasta o en una ensalada.

¡Un delicioso plato fresco de verano!

69 Calorías | 7 g Grasas | 2 g Carbohidratos | 1 g Proteínas

89 Tortitas de cangrejo

6 porciones | 1 hora 30 minutos de cocinado

Ingredientes

500 g Carne de cangrejo
1 Huevo
50 g Mayonesa
2 cditas Mostaza de Dijon
1 cdita Salsa Worcestershire
1 cdita Zumo de limón
½ cdita Eneldo
½ cdita Sal
1 cda Perejil picado
100 g Panko
Spray de AOVE

1. En un bol mediano, batir el huevo, la mayonesa, la mostaza, la salsa Worcestershire, el zumo de limón, el eneldo, la sal y el perejil.
2. Incorporar la carne de cangrejo y el panko hasta que se combinen.
3. Formar 6 tortitas con la mezcla de cangrejo. Colocarlas en un plato o bandeja de horno, taparlas y refrigerarlas durante 1 hora.
4. Precalentar la freidora a 190ºC. Rociar ambos lados de las tortas de cangrejo con spray de AOVE para evitar que se peguen y ayudar a que se doren.
5. Colocar las tortitas en la cesta de la freidora en una sola capa, sin llenarla demasiado, y cocinarlas durante 14-18 minutos, hasta que se doren.
6. Servir con un chorrito de zumo de limón fresco y salsas a gusto.

¡Hora de comer!

167 Calorías | 9 g Grasas | 5 g Carbohidratos | 16 g Proteínas

90 Tacos de pescado y cilantro

4 porciones | 20 minutos de cocinado

Ingredientes

750 g Tilapia
1 cdita Chile en polvo
½ cdita Orégano
½ cdita Ajo en polvo
½ cdita Pimentón
½ cdita Cebolla en polvo
½ cdita Comino
½ cdita Sal
½ cdita Pimienta negra
4-6 Tortitas de trigo para tacos

Para la ensalada de lima y cilantro

½ Col, picada
3 cdas Mayonesa
1 cda Zumo de lima
1 Diente de ajo picado
1 cda Cilantro, picado
½ cdita Sal

1. Rociar la cesta de la freidora con AOVE en spray. En un bol pequeño, mezclar bien las especias, la sal y la pimienta para combinarlas.
2. Secar el pescado y colocarlo en la freidora. Untar con aceite de oliva y cubrir generosamente con el aliño de especias y presionarlo suavemente. Rociar la parte superior del pescado con aceite para ayudar a que todo se adhiera bien y se mantenga húmedo.

3. Precalentar la freidora a 205ºC. Cocinar el pescado durante unos 8-10 minutos o hasta que esté opaco y se desmenuce fácilmente.
4. Mientras el pescado se cocina, mezclar los ingredientes para la ensalada de cilantro y lima. Cuando el pescado esté cocido, sacarlo de la cesta de la freidora, cortarlo en trozos pequeños y añadirlo a las tortitas junto con la ensalada y un chorro extra de lima.

¡Riquísimo!

256 Calorías | 11 g Grasas | 5 g Carbohidratos | 35 g Proteínas

91 Bacalao crujiente

4 porciones | 15 minutos de cocinado

Ingredientes

500 g Bacalao, cortado en 8 trozos
120 g Panko
1 cdita Ajo en polvo
1 cdita Pimentón
1 cdita Sal
½ cdita Mezcla de hierbas italiana
2 Huevos
Spray de AOVE

1. Secar el bacalao y reservarlo. Poner los huevos en un bol y batirlos ligeramente, poniendo las migas en otro molde y añadir el pimentón, la sal, el ajo en polvo y las hierbas italianas.
2. Precalentar la freidora a 205°C durante 5 minutos. Mientras tanto, poner los trozos de bacalao en el huevo y luego pasarlos por el pan rallado presionando ligeramente para que se adhieran las migas
3. Cuando la freidora haya terminado de precalentarse, rociar la cesta con spray de AOVE antes de incorporar el pescado.
4. Colocar los trozos de bacalao en la cesta y freírlos durante 15 minutos. Comprobar después de 10 minutos el aspecto de los mismos y rociarlos con más aceite si fuera necesario.

¡Saludable y muy crujiente!

297 Calorías | 8 g Grasas | 21 g Carbohidratos | 33 g Proteínas

92 Salmón al pesto

4 porciones | 15 minutos de cocinado

Ingredientes

4 Filetes de salmón, 170 g aproximadamente cada uno
1 **cda** Aceite de aguacate
1 **cdita** Sal
1 **cdita** Pimienta negra

Para el pesto

100 g Albahaca fresca
60 g Nueces
½ **cdita** Sal
½ **cdita** Pimienta
1 Diente de ajo
1 **cdita** Ralladura de limón
80 ml AOVE
60 g Queso parmesano rallado

1. Preparar el pesto. En un procesador de alimentos, añadir la albahaca, las nueces, el ajo, la sal, la pimienta y la ralladura de limón. Mezclar hasta que la albahaca esté más o menos picada. Añadir poco a poco el aceite de oliva hasta que quede suave, y una vez que esté completamente mezclado, verter la mezcla en un bol y añadir el queso parmesano. Reservar.
2. Precalentar la freidora a 205°C durante 2-3 minutos.
3. Secar el salmón con una toalla de papel. Untar el lado de la carne del salmón con aceite de aguacate y sazonar con sal y pimienta.
4. Con unas pinzas, colocar el salmón con la piel hacia abajo en la cesta de la freidora y freír durante 9-10 minutos (dependiendo del grosor del salmón).
5. Sacar el salmón de la freidora y cubrir con el pesto.

521 Calorías | 41 g Grasas | 1 g Carbohidratos | 35 g Proteínas

93 Palitos de pescado con salsa tártara
2 porciones | 35 minutos de cocinado

Ingredientes

450 g Merluza, cortada en tiras
80 g Harina multiusos
1 cdita Sal
½ cdita Pimienta negra
2 Huevos
50 g Pan rallado

1. Sazonar el pescado con sal y dejar reposar durante al menos 20-30 minutos (hasta 1 hora). Esto ayudará a extraer la humedad y lo hará más firme para obtener palitos crujientes.
2. Sazonar la harina con sal y pimienta. También se pueden añadir otros condimentos si se desea, como pimentón, ajo en polvo, etc.
3. Rebozar el pescado en harina y sacudir el exceso. A continuación, pasarlo por el huevo y recubrirlo con el pan rallado.
4. Una vez que los palitos de pescado estén bien cubiertos, colocarlos en la cesta de la freidora sin que se superpongan. Rociar con AOVE por encima, cocinar durante 10-15 minutos a 200°C, dar vuelta y cocinar durante 6 minutos más.
5. Sacar los palitos de pescado de la freidora y servirlos con un chorrito de zumo de limón fresco para darle más sabor y salsa tártara.

¡Rico y nutritivo!

260 Calorías | 15 g Grasas | 19 g Carbohidratos | 12 g Proteínas

94 Paella marinera

2 porciones | 50 minutos de cocinado

Ingredientes

2 cdas AOVE
1 Cebolla mediana, *finamente picada*
2 Dientes de ajo, *picados*
200 g Gambas
200 g Mejillones, *limpios*
1 Pimiento rojo, *picado*
1 Pimiento verde, *picado*
1 cdita Pimentón
1 cdita Sal
½ cdita Pimienta
Hierbas de azafrán
50 ml Vino blanco
200 ml Caldo de pollo
250 g Arroz bomba

1. Precalentar la freidora de aire a 180°C.
2. Coloca en la canasta el AOVE, la cebolla y el ajo, mezclar bien y cocinar durante 4 minutos.
3. Agregar los mejillones y cocinar durante 5 minutos más. Luego, incorporar las verduras y los ingredientes sobrantes. Cocinar durante 35 minutos hasta que el caldo se evapore.
4. Finalmente, colocar las gambas en la parte superior de la paella y cocinar de 10 a 15 minutos hasta que estén bien cocidos.
5. Deja reposar 10 minutos más para que el arroz se asiente, y servir con limón y perejil.

¡A disfrutar de este clásico!

868 Calorías | 19 g Grasas | 117 g Carbohidratos | 47 g Proteínas

95 Hamburguesas de salmón

2 porciones | 50 minutos de cocinado

Ingredientes

1 Filete de salmón pequeño, sin piel (aproximadamente 150 g)
40 g Harina multiusos
1 Huevo
½ Cebolla mediana, picada
1 cda Cebollino fresco picado
1 cda Zumo de limón
½ **cdita** Ajo en polvo
½ **cdita** Sal
½ **cdita** Pimienta negra

1. Cortar el filete de salmón en unos pocos trozos y añadir todos los ingredientes a un procesador de alimentos. Procesar a velocidad alta hasta que todo esté combinado, pero queden algunos trozos pequeños de salmón, cebolla y cebollino.
2. Formar 4 hamburguesas de unos 7 cm de diámetro y refrigerar durante media hora.
3. Rociar la cesta de la freidora con spray de AOVE. Colocar las hamburguesas en una sola capa en el fondo de la cesta y rociar la parte superior con más.
4. Freír a 200°C durante 10-12 minutos, o hasta que estén bien cocidas y crujientes por fuera.

¡Disfrutar entre panes con queso crema!

358 Calorías | 12 g Grasas | 10 g Carbohidratos | 24 g Proteínas

96 Filetes de atún con sésamo

2 porciones | 15 minutos de cocinado

Ingredientes

2 Filetes de atún
1 cda Aceite de sésamo
½ cdita Ajo en polvo
½ cdita Sal
½ cdita Pimienta negra
2 cditas Semillas de sésamo blanco
2 cditas Semillas de sésamo negro

1. Untar cada filete de atún con aceite y espolvorear con ajo en polvo.
2. En un recipiente grande, mezclar la sal, la pimienta y las semillas de sésamo y luego presionar cada filete de atún en ellas, cubriéndolo bien. Colocar los filetes de atún en la cesta de la freidora.
3. Ajustar la temperatura a 200°C y cocinar durante 8 minutos.
4. Dar la vuelta a los filetes a mitad del tiempo de cocción. Una vez que lleguen a 70°C en su interior, estarán listos.

¡Disfrutar con salsa de soja!

280 Calorías | 10 g Grasas | 1 g Carbohidratos | 42 g Proteínas

97 Mejillones a la provenzal

4 porciones | 45 minutos de cocinado

Ingredientes

500 g Mejillones
1 cda Mantequilla
150 ml Agua
1 Diente de ajo, picado
1 cdita Cebollino
1 cdita Perejil

1. Precalentar la freidora a 200°C.
2. Lavar los mejillones (remojarlos durante 30 minutos antes) y luego limpiarlos con un cepillo.
3. A continuación, en una sartén apta para la freidora, añadir el agua, la mantequilla, el ajo, el cebollino, el perejil y los mejillones.
4. Colocar la sartén en la freidora de aire. Cocinar durante 3 minutos, comprobar si los mejillones se han abierto. Si no se abren, cocinar durante otros 2 minutos. Una vez que todos los mejillones se abran, estarán listos para comer.

¡Riquísimo y fácil!

223 Calorías | 8 g Grasas | 9 g Carbohidratos | 27 g Proteínas

98 Vieiras al cajún
4 porciones | 15 minutos de cocinado

Ingredientes

500 g Vieiras descongeladas o frescas
1 cda AOVE
100 g Pan rallado
2 cditas Condimento cajún
½ cdita Sal
Spray de AOVE

1. Pasar un dedo por el lado de cada vieira y retirar el músculo lateral; desecharlo. Colocar las vieiras en un plato y secarlas con una toalla de papel. Rociar las vieiras con el aceite de oliva.
2. A continuación, mezclar el pan rallado, el condimento cajún y la sal en un bol, y agregar las vieiras para que queden cubiertas.
3. Forrar la freidora con papel de aluminio y colocar las vieiras en ella, asegurándose de que no se superpongan. Rociar las vieiras con un poco de AOVE para que sean más crujientes.
4. Freír las vieiras a 205ºC durante 8-10 minutos, sacudiendo la cesta a mitad de tiempo.

¡Verdaderamente deliciosas!

139 Calorías | 5 g Grasas | 9 g Carbohidratos | 15 g Proteínas

99 Gambas rebozadas en coco

4 porciones | 35 minutos de cocinado

Ingredientes

2 Huevos
2 cdas Zumo de lima
150 g Escamas de coco sin endulzar
60 g Panko
50 g Harina multiusos
1 cdita Sal
1 cdita Pimienta negra molida
1 cdita Pimentón
400 g Gambas, peladas

1. Precalentar la freidora a 195ºC.
2. En un bol, batir los huevos y el jugo de limón, reservar. En otro tazón mediano, incorporar el coco, el pan rallado, la harina, la sal, la pimienta y el pimentón hasta que estén bien combinados.
3. De uno en uno, sumergir cada camarón en la mezcla de huevo, luego escurrir e inmediatamente sumergir en la mezcla de coco, presionando bien.
4. Colocar las gambas en una sola capa en la bandeja engrasada de la cesta de la freidora de aire y luego rociarlas con spray de AOVE.
5. Freír durante 4 minutos, luego dar la vuelta y rociar de nuevo la parte superior con spray de AOVE. Freír durante 3 minutos más o hasta que estén crujientes y doradas.
6. Servir con salsa de chile y adornar con perejil picado.

¡Una delicia!

294 Calorías | 11 g Grasas | 28 g Carbohidratos | 21 g Proteínas

100 Bacalao asado al limón
1 porción | 15 minutos de cocinado

Ingredientes

1 Filete de bacalao mediano, *85 g aproximadamente*
1 cdita Sal
1 cdita Pimienta negra
1 cdita Ajo en polvo
1 Limón, *cortado en rodajas*

1. Lavar y secar el filete de bacalao. Cubrirlo con las especias.
2. Cortar el limón en rodajas y cubrir la cesta de la freidora con ellas. Colocar el pescado encima y cubrirlo con más limón.
3. Cocinar a 190°C durante unos 10 minutos. Una vez dorado, sacar el bacalao de la freidora y servir.

¡Saludable y muy sencillo!

101 Calorías | 1 g Grasas | 10 g Carbohidratos | 16 g Proteínas

101 Pescado a la cerveza con patatas

4 porciones | 42 minutos de cocinado

Ingredientes

300 g Harina multiusos
2 cdas Almidón de maíz
½ **cdita** Bicarbonato de sodio
170 ml Cerveza
1 Huevo
½ **cdita** Pimentón
1 cdita Sal
½ **cdita** Pimienta negra
750 g Bacalao, cortado en 4 o 5 trozos
Spray de AOVE
Patatas asadas (ver receta más arriba)
1 Limón
Salsa tártara

1. Combinar 150 g de harina, la maicena y el bicarbonato de sodio en un bol grande. Añadir la cerveza y el huevo y remover hasta que esté suave. Cubrir el bol de la masa con papel de plástico y refrigerar durante al menos 20 minutos.
2. Combinar el resto de la harina, el pimentón, la sal y la pimienta negra en un recipiente poco profundo.
3. Secar los filetes de bacalao con una toalla de papel. Sumergir el pescado en la masa, cubriendo todos los lados. Dejar escurrir el exceso de rebozado y luego pasar cada filete por la harina sazonada. Espolvorear la harina sobrante sobre los filetes de pescado y dé unos golpecitos para que se adhiera al rebozado.
4. Precalentar la freidora a 200ºC. Rociar generosamente ambos lados de los filetes de pescado rebozados con spray de AOVE y colocarlos en la cesta de la freidora.
5. Freír durante 12 minutos. Rociar con más aceite durante el proceso de cocción si hay puntos secos en el pescado.

389 Calorías | 3 g Grasas | 47 g Carbohidratos | 38 g Proteínas

102 Langosta con mantequilla

2 porciones | 13 minutos de cocinado

Ingredientes

2 Colas de langosta, *170 g c/u aproximadamente*
2 cdas Mantequilla salada
1 Diente de ajo, picado
1 cdita Sal
1 cdita Cebollino, picado
1 cdita Zumo de limón

1. Preparar el aliño combinando la mantequilla, el ajo, la sal, el cebollino y el zumo de limón.
2. Cortar las colas de langosta en forma de mariposa a través del caparazón, extraer la carne y apoyarla en la parte superior del caparazón.
3. Colocarlas en la cesta de la freidora y cubrir con mantequilla. Cerrar la cesta y cocinar a 190ºC durante 4 minutos.
4. Abrir y esparcir más mantequilla por encima, cocinar de 2 a 4 minutos más hasta que esté hecho.

¡Rápido y sencillo!

109 Calorías | 12 g Grasas | 2 g Carbohidratos | 1 g Proteínas

103 Croquetas de atún y patata

4 porciones (2 croquetas p.p.) | 30 minutos de cocinado

Ingredientes

120 g Atún en trozos, escurrido y desmenuzado
1 Patata grande, cortada en cubos
50 g Eneldo picado
2 cdas Mayonesa
2 cdas Cebolla morada, picada
1 cda Mostaza de Dijon
1 cdita Zumo de limón
1 cdita Sal
½ cdita Pimienta negra
1 Huevo
150 g Panko
Spray de AOVE

1. Poner las patatas en una cacerola pequeña y cubrirlas con agua. Cocer a fuego medio-alto hasta que estén tiernas, entre 15 y 18 minutos, y escurrirlas.
2. Triturar en un bol grande y combinar con el atún, el eneldo, la mayonesa, la cebolla roja, la mostaza de Dijon, el zumo de limón y la sal y la pimienta negra, y meter en el congelador 10 minutos.
3. Con las manos, armar 8 croquetas con toda la mezcla. Poner el huevo batido en un bol pequeño y el pan rallado en otro.
4. Pasar las croquetas por el huevo, luego por el panko y reservar en una tabla. Rociar ambos lados de las croquetas con aceite de oliva.
5. Freír a 175°C durante 10 minutos, volteando a la mitad hasta que estén doradas y crujientes.

¡A saborear!

215 Calorías | 3 g Grasas | 21 g Carbohidratos | 22 g Proteínas

104 Langostinos con lima y miel

4 porciones | 40 minutos de cocinado

Ingredientes

500 g Gambas grandes, *crudas*
2 cdas AOVE
2 cdas Jugo de lima
2 cdas Miel
2 Dientes de ajo, *picados*
1 cdita Sal

1. En un bol grande, mezclar el aceite de oliva, el zumo de lima, la miel, el ajo y la sal. Añadir las gambas y dejar marinar durante 20-30 minutos.
2. Precalentar la freidora a 200°C. Sacudir el exceso de marinada de las gambas y ponerlas todas en la cesta.
3. Cocinar durante 2 minutos, sacudir bien la cesta y volver a cocinar durante otros 2-3 minutos, o hasta que los camarones estén rosados y cocidos.

¡Servir con cilantro picado y disfrutar!

187 Calorías | 7 g Grasas | 7 g Carbohidratos | 23 g Proteínas

105 Chips de surimi

2 porciones | 25 minutos de cocinado

Ingredientes

150 g Surimi, palitos de cangrejo
1 cdita Sal
½ cdita Pimienta negra
Spray de AOVE

1. Desenrollar cada palito de cangrejo y romperlo en varios trozos. No deben ser ni muy grandes ni muy finos. Añadir a un bol.
2. Añadir sal, pimienta y rociar con un poco de aceite en spray. Mezclar.
3. Colocar en la freidora y cocinar a 160°C durante 15 minutos. Agitar la cesta dos veces durante la cocción.
4. Asegurarse de que todos los trozos estén crujientes. Si algunos trozos ya están dorados y crujientes y otros no, retirarlos y continuar la cocción.

¡Muy crocantes!

147 Calorías | 7 g Grasas | 13 g Carbohidratos | 7 g Proteínas

106 Dip caliente de cangrejo picante

4 porciones | 12 minutos de cocinado

Ingredientes

135 g Cangrejo cocido
55 g Mayonesa
225 g Queso cheddar, *rallado*
50 g Cebolletas, *picadas*
4 cdas Salsa picante
½ cdita Sal
½ cdita Pimienta negra
2 cdas Zumo de limón
2 cdas Perejil, *picado*

1. En una sartén resistente al calor, mezclar el cangrejo, la mayonesa, el queso, las cebolletas, la salsa picante, la sal y la pimienta.
2. Colocar la sartén en la cesta de la freidora y cocinar a 205ºC durante 7 minutos, hasta que el queso se derrita
3. Retirar la sartén, mezclar el zumo de limón y el perejil y servir caliente.

¡Acompañar con chips!

359 Calorías | 29 g Grasas | 2 g Carbohidratos | 20 g Proteínas

107 Ostras crujientes
2 porciones | 20 minutos de cocinado

Ingredientes

500 g Ostras, crudas y sin caparazón
60 g Harina multiusos
1 cdita Condimento cajún
½ cdita Sal
½ cdita Pimienta negra
1 Huevo
1 cda Leche
120 g Panko
4 Gajos de limón, *para servir*

1. Precalentar la freidora a 175ºC.
2. Enjuagar las ostras, dejándolas escurrir en un colador. Secarlas con toallas de papel.
3. En un bol poco profundo, combinar la harina, el condimento cajún, la sal y la pimienta. En un segundo bol, batir el huevo y la leche. En un tercer recipiente, añadir el panko.
4. Pasar las ostras por la mezcla de harina, sumergirlas en la mezcla de huevo y luego pasarlas por el pan rallado.
5. Colocar las ostras en una sola capa en la cesta y rociar ligeramente con AOVE en spray.
6. Cocinar en la freidora durante 4 minutos. Darles la vuelta a las ostras, rociarlas ligeramente con aceite de cocina y cocinarlas durante 4 minutos más. Servir.

¡Todo un manjar!

829 Calorías | 22 g Grasas | 109 g Carbohidratos | 61 g Proteínas

108 Salmón teriyaki

3 porciones | 30 minutos de cocinado

Ingredientes

150 ml Salsa teriyaki
3 Filetes de salmón, *170 g c/u aproximadamente*
½ cdita Sal
80 g Semillas de sésamo blancas
1 Cebolleta, *picada*

1. En una pequeña bandeja de horno, verter ⅓ taza de la salsa teriyaki y dejar marinar el pescado con la piel hacia arriba durante 15-20 minutos.
2. Forrar la cesta de la freidora con una fina capa de papel pergamino. Escurrir un poco la marinada y colocar el pescado, con la piel hacia abajo, en la cesta y con un poco de espacio entre los filetes. Freír durante 7 a 9 minutos a 205°C.
3. El pescado estará casi opaco al cortarlo, a 50°C en la parte más gruesa. Si se desmenuza al cortarlo, estará listo.
4. Pasar el salmón a un plato. Rociarlo con semillas de sésamo, cebolletas y el resto de la salsa teriyaki.

¡Delicioso!

251 Calorías | 11 g Grasas | 5 g Carbohidratos | 32 g Proteínas

109 Salteado de gambas y verduras
4 porciones | 25 minutos de cocinado

Ingredientes

300 g Gambas pequeñas, *peladas y desvenadas*
1 Pimiento rojo, *picado*
1 Brócoli
1 Zanahoria, *en tiras finas*
1 Cebolla, *en tiras finas*
1 cdita Sal
1 cdita Pimentón
2 cdas Salsa de soja
Spray de AOVE

1. Añadir las gambas y las verduras a la freidora.
2. Cubra con el condimento y la salsa de soja y rociar con una capa uniforme de spray de AOVE.
3. Cocinar a 180ºC durante 10 minutos. Abrir con cuidado, mezclar las gambas y las verduras.
4. Cocinar durante 10 minutos más.

¡Una receta exquisita!

100 Calorías | 4 g Grasas | 15 g Carbohidratos | 2 g Proteínas

110 Salmón a la mostaza

2 porciones | 15 minutos de cocinado

Ingredientes

350 g Salmón, *dividido en 2 filetes*
1 cda AOVE
2 cdas Mostaza de Dijon
½ cdita Ajo en polvo
½ cdita Sal
½ cdita Pimienta negra
½ cdita Perejil fresco, *picado*

1. Mezclar el aceite de oliva, la mostaza, el ajo en polvo, la sal y la pimienta en un bol pequeño.
2. Extender la mezcla sobre los filetes de salmón para cubrirlos por completo.
3. Colocar papel de horno en la cesta de la freidora para evitar que se pegue y ubicar los trozos de salmón encima. Cocinar durante 8 minutos a 205ºC.
4. Sacar el salmón de la freidora y servirlo inmediatamente con perejil fresco por encima.

¡Riquísimo!

272 Calorías | 13 g Grasas | 1 g Carbohidratos | 35 g Proteínas

111 Rangoon de cangrejo

8 porciones (2 rangoons p.p.) | 30 minutos de cocinado

Ingredientes

60 g Carne de cangrejo
60 g Queso crema, *a temperatura ambiente*
2 cdas Cebolletas, *cortadas finamente*
½ cda Salsa Worcestershire
16 Envoltorios de wonton
Spray de AOVE

1. Mezclar el queso crema, la carne de cangrejo, las cebollas verdes y la salsa Worcestershire en un bol pequeño.
2. Precalentar la freidora a 150°C durante 10 minutos. Colocar 8 envoltorios de wonton (o los que quepan) en una rejilla para enfriar. Esto evitará que se humedezcan demasiado.
3. Colocar 1-1 1/2 cucharaditas de relleno en el centro de cada wonton, aplicar un poco de agua cerca de la presentación alineada con cada esquina. Asegurarse de sellar bien los bordes para que no se abran.
4. Rociar la cesta con aceite. Colocar los 8 wonton iniciales adentro y cocinar durante 5 minutos. Transcurrido este tiempo, girar cada uno de ellos y rociar de nuevo con aceite. Dejar que se cocinen 3-5 minutos o hasta que se doren.
5. Retirar y dejar enfriar en la rejilla hasta que esté listo para servir.

¡Una delicia!

76 Calorías | 3 g Grasas | 11 g Carbohidratos | 2 g Proteínas

112 Tubos de calamar grillados

2 porciones | 20 minutos de cocinado

Ingredientes

300 g Tubos de calamar
4 Dientes de ajo, picados
1 cdita Sal
1 cdita Mezcla de especias italiana
3 cditas Mantequilla salada
½ cdita Pimienta negra
2 cdas AOVE

1. Aunque los tubos de calamar ya estén limpios, correrlos bajo el agua nuevamente y frotarlos bien para eliminar cualquier desecho.
2. Colocar todos los ingredientes, excepto la mantequilla, en un bol grande y mezclar.
3. Poner una cucharadita de mantequilla en el centro de cada tubo de calamar. Masajear la mantequilla para que se extienda uniformemente dentro del tubo.
4. Rociar un poco de aceite en la cesta de la freidora de aire.
5. Colocar los tubos de calamar dentro de la freidora, es importante que estén en una sola capa y no se toquen.
6. Calentar la freidora a 180ºC y cocinar el calamar durante 10 minutos. Luego de esto, retirarlos con cuidado con pinzas.

¡Rociar con jugo de limón y disfrutar!

328 Calorías | 22 g Grasas | 6 g Carbohidratos | 23 g Proteínas

113 Taquitos de camarón con aguacate

4 porciones | 15 minutos de cocinado

Ingredientes

500 g Gambas, *ya cocidas*
1 cda AOVE
4 Tortillas de trigo
1 Aguacate
2 cdas Sazón para tacos
1 cdita Sal
½ Col morada, *rallada*
Jugo de una lima

1. Mezclar los camarones con aceite de oliva y el condimento para tacos.
2. Calentar la freidora a 180°C y cocinar durante 8 minutos, o hasta que estén dorados y crujientes.
3. Aplastar el aguacate, combinarlo con la sal y el jugo de lima y extenderlo sobre la tortilla previamente calentada.
4. Añadir las gambas, la col morada rallada, el cilantro fresco (opcional) y un chorrito de lima fresca.

¡Fácil y delicioso!

472 Calorías | 19 g Grasas | 37 g Carbohidratos | 35 g Proteínas

114 Sándwich de bacalao con salsa tártara

2 porciones | 20 minutos

Ingredientes

2 **cdas** Harina multiusos
½ **cdita** Ajo en polvo
½ **cdita** Pimienta negra
½ **cdita** Sal
1 Huevo
1 **cda** Zumo de limón
½ **cda** Mayonesa
250 **g** Bacalao, *cortado en 2 filetes*
60 **g** Panko
1 Pan brioche
3 **cdas** Salsa tártara
Spray de AOVE

1. Añadir la harina, el ajo en polvo, la sal y la pimienta en un bol lo suficientemente grande como para rebozar el pescado.
2. Añadir el huevo, la mayonesa y el zumo de limón en otro bol lo suficientemente grande como para cubrir el pescado. Batir el huevo y combinar los ingredientes.
3. Añadir el pan rallado en un bol aparte. Pasar el pescado por la harina, luego por la mezcla de huevo y después por el pan.
4. Rociar la cesta de la freidora con spray de AOVE y colocar el pescado en la cesta. Rociar por encima con AOVE también.
5. Cocinar durante 8-10 minutos a 205°C grados hasta que esté crujiente y dorado. Dar vuelta y cocinar durante 5 minutos más.
6. Retirar, armar sándwiches con los filetes y la salsa tártara.

¡A saborear!

340 Calorías | 4 g Grasas | 62 g Carbohidratos | 11 g Proteínas

115 Tentáculos de pulpo crujientes

3 porciones | 1 hora y 20 minutos de cocinado

Ingredientes

1 Pulpo pequeño, precocinado
1 cda Vinagre
2 Hojas de laurel
½ Manojo de perejil
1 Diente de ajo
1 cdita Sal
½ **cdita** Pimienta
2 Bayas de pimienta de Jamaica
100 ml Agua
200 g Harina multiusos
1 cda Almidón de maíz
Spray de AOVE

1. Añadir el vinagre, las bayas de pimienta de Jamaica, el agua, las hojas de laurel, el ajo y el manojo de perejil en una olla profunda.
2. Cortar los tentáculos y separarlos. Es importante que el pulpo esté bien limpio.
3. Poner una olla honda al fuego a temperatura media y añadir el pulpo en ella. Taparlo con la tapa y hervirlo durante unos 40-50 minutos. También puedes optar por cocinar en la olla instantánea a alta presión durante 15 minutos. Tras la cocción, apagar el fuego y dejar que se enfríe.
4. Coger un bol mediano y añadir la harina, la sal, la maicena y la pimienta. Mezclar todo bien.
5. A continuación, sacar los trozos de pulpo de la olla y pasarlos al bol que contiene la harina. Cuando todos los trozos estén cubiertos, llevar a la freidora y cocinar a 180°C durante 3-5 minutos. Luego, dar vuelta y cocinar 5 minutos más. Rociar con AOVE por todas partes. Rociar con limón y perejil.

70 Calorías | 2 g Grasas | 2 g Carbohidratos | 12 g Proteínas

116 Empanadas mediterráneas

5 porciones | 25 minutos de cocinado

Ingredientes

280 g Atún de lata, *escurrido*
2 Dientes de ajo, *picados*
50 g Queso parmesano, *rallado*
60 g Panko
50 g Queso feta, *desmenuzado*
½ Cebolla morada, *picada*
2 Huevos
Jugo y ralladura de ½ limón
2 cdas Yogur griego
2 cdas Mostaza de Dijon
1 cdita Za'atar mediterráneo
½ **cdita** Sal
½ **cdita** Pimienta
2 cdas Perejil picado
Spray de AOVE

1. Poner el atún en un bol y desmenuzar con tenedor. Añadir el ajo, la mitad del queso parmesano, la mitad del panko, el queso feta, la cebolla roja, los huevos, el zumo de limón, el yogur, la mostaza de dijon, el za'atar, la sal, la pimienta negra y el perejil. Mezclar todos los ingredientes con una cuchara hasta que estén bien combinados.
2. En un bol, añadir el resto del queso parmesano y del panko. Con las manos, formar las empanadas con la mezcla de atún.
3. Tomar cada uno de ellos y pasarlos por la mezcla de panko y queso, haciendo presión suficiente para que se cubran bien de ambos lados.
4. Llevar a la freidora de aire cubiertas con AOVE en spray y cocinar a 190ºC durante 8-10 minutos, o hasta que estén bien doradas y crujientes. Dar la vuelta y cocinar durante 6 minutos más.

254 Calorías | 11 g Grasas | 12 g Carbohidratos | 24 g Proteínas

117 Navajas con ajo y perejil

2 porciones | 30 minutos de cocinado

Ingredientes

500 g Navajas
3 Dientes de ajo
75 ml AOVE
½ Manojo de perejil picado
½ **cdita** Sal

1. Poner las navajas a remojo, con abundante sal, en un recipiente alto, y colocarlas de forma vertical para que la arena se quede en el fondo. Es importante que estén muy limpias.
2. Mientras tanto, preparar el aliño. Picar el ajo y el perejil, mezclarlo con el AOVE y la sal y reservar en un recipiente pequeño.
3. Colocar las navajas en la freidora, una al lado de la otra sin que se superpongan.
4. Cocinar a 190°C durante 6 minutos. Una vez que se abran, agregar el aliño por encima y dejar que se cocinen 5 minutos más.

¡Riquísimo!

280 Calorías | 5 g Grasas | 1 g Carbohidratos | 25 g Proteínas

118 Boquerones fritos al aire

4 porciones | 20 minutos de cocinado

Ingredientes

500 g Boquerones
1 cdita Sal
1 cdita Pimentón ahumado
60 g Harina multiusos
Spray de AOVE

1. Limpiar los boquerones bien, escurrir con cuidado y salar.
2. Mezclar la harina con el pimentón y comenzar a pasar los boquerones por la mezcla, colocando luego sobre una bandeja bien separados entre sí.
3. Rociar con AOVE ambos lados del pescado, empapándolos bien.
4. Repartir los boquerones en la cesta de la freidora, sin superponerlos. Cocinar a 180°C durante 15 minutos, o hasta que estén bien dorados.

¡Comer con jugo de limón!

319 Calorías | 12 g Grasas | 11 g Carbohidratos | 37 g Proteínas

119 Tortitas de sardina

10 porciones | 50 minutos de cocinado

Ingredientes

450 g Sardinas, *pueden ser en agua o aceite de oliva*
60 g Panko
½ **cdita** Ajo en polvo
½ **cdita** Pimienta negra
½ **cdita** Eneldo
½ **cdita** Ralladura de limón
1 Cebolleta, cortada en rodajas
½ Pimiento rojo, picado
1 Huevo
1 cda Alcaparras
3 cdas AOVE
Spray de AOVE

1. Escurrir las sardinas y ponerlas en un bol mediano. Aplastarlas muy bien con un tenedor.
2. Mezclar el panko, el ajo en polvo, la pimienta negra, el eneldo, la ralladura de limón, la cebolleta, el pimiento rojo, el huevo y las alcaparras con las sardinas.
3. Formar con la mezcla de sardinas 10 tortitas con un diámetro aproximado de 6 cm cada una.
4. Rociar la cesta de la freidora con spray de AOVE y colocar las tortas de sardinas en una sola capa.
5. Con un pincel de silicona, cepillar la parte superior de las tortas con 1 cucharada de AOVE.
6. Freír durante 12 minutos a 205°. A continuación, dar la vuelta a las hamburguesas con cuidado y freírlas durante 6-8 minutos más.
7. Dejar reposar las hamburguesas durante 5 minutos antes de servir.

108 Calorías | 2 g Grasas | 1 g Carbohidratos | 9 g Proteínas

120 Tilapia con corteza de parmesano

3 porciones | 25 minutos de cocinado

Ingredientes

3 Piezas de tilapia
60 g Queso parmesano, rallado
1 cdita Ajo en polvo
½ cdita Cebolla en polvo
½ cdita Eneldo
½ cdita Sal
½ cdita Pimienta negra
1 cda Mantequilla
Spray de AOVE

1. Precalentar la freidora a 400°C.
2. Mezclar el queso parmesano rallado, el ajo en polvo, el eneldo, la cebolla en polvo, la pimienta negra, la sal y verter la mantequilla derretida. Incorporar bien. Si está muy seco, añadir más mantequilla.
3. En una bandeja para hornear, acomodar el pescado y rociar con aceite de oliva. Espolvorear parmesano sobre cada filete y presionar ligeramente. La corteza debe pegarse con facilidad.
4. Freír de 7 a 10 minutos, comprobando la corteza a los 7. Si está listo, retirar y servir.

¡Disfrutar caliente!

174 Calorías | 7 g Grasas | 2 g Carbohidratos | 23 g Proteínas

Postres

121 Budín húmedo de vainilla y limón

12 porciones | 40 minutos de cocinado

Ingredientes

9 Huevos
400 g Azúcar
400 g Mantequilla sin sal
100 g Harina multiusos
1 cda Esencia de vainilla
½ Limón, rallado y exprimido

1. En un bol, mezclar la mantequilla y el azúcar. Esto hará que el bizcocho quede esponjoso. A continuación, añadir los huevos, la vainilla, el limón y la harina.
2. Verter la masa en una sartén previamente engrasada apta para la freidora. Colocar en la freidora y cocinar a 160°C durante 20 minutos.
3. Una vez transcurrido el tiempo, introducir un palillo en el bizcocho y comprobar que sale limpio. Si no es así, añadir otros 5 minutos.

¡Perfecto para la hora del té!

445 Calorías | 30 g Grasas | 40 g Carbohidratos | 5 g Proteínas

122 Chips de manzana y canela

1 porción | 25 minutos de cocinado

Ingredientes

1 Manzana roja, grande
1 cda Azúcar
½ **cdita** Canela molida
Spray de aceite vegetal

1. Cortar uniformemente la manzana en rodajas muy delgadas y retirar las semillas. Colocarlas en una sola capa sobre una superficie plana. Reservar.
2. En un bol pequeño, mezclar el azúcar y la canela. Espolvorear las rodajas de manzana con la mezcla por ambos lados, y luego rociar la cesta de la freidora con aceite.
3. Colocar las rodajas de manzana, tratando de no amontonarlas demasiado. Cocinar a 150°C durante 15 minutos, sacudiendo las rodajas de manzana cada 5 minutos hasta que estén doradas y casi crujientes.
4. Dejar enfriar, cuánto más se enfríen más crujientes estarán.

¡Muy saludable!

153 Calorías | 0 g Grasas | 41 g Carbohidratos | 1 g Proteínas

123 Torrijas

2 porciones | 15 minutos de cocinado

Ingredientes

6 Rebanadas de pan, gruesas
3 Huevos
2 cditas Extracto de vainilla
1 cda Azúcar moreno
1 cdita Canela molida
½ cdita Sal
60 ml Nata de leche

1. Precalentar la freidora a 175ºC.
2. En un bol, batir los huevos, la vainilla, el azúcar moreno, la canela y la sal. Incorporar lentamente la nata de leche. Trabajando con una o dos rebanadas de pan a la vez, sumergirlas en la mezcla de huevo, cubriendo ambos lados uniformemente.
3. Colocarlas en la cesta de la freidora y cocinar durante 10 minutos, dándole la vuelta a mitad de tiempo.

¡A disfrutar!

236 Calorías | 10 g Grasas | 21 g Carbohidratos | 11 g Proteínas

124 Galletas de chocolate

5 porciones (2 galletas p.p.) | 26 minutos de cocinado

Ingredientes

120 g Harina multiusos
30 g Cacao en polvo
1 cdita Sal
1 cdita Polvo para hornear
100 g Chips de chocolate semiamargo
60 g Mantequilla sin sal, *derretida*
40 g Azúcar moreno
50 g Azúcar blanco
2 Huevos

1. En un bol, mezclar la mantequilla, el azúcar moreno y el azúcar blanco. Incorporar los huevos, la harina, el cacao en polvo, la sal y el polvo para hornear. Mezclar bien, y por último añadir los chips de chocolate.
2. Formar pequeñas bolitas de medio centímetro con la masa. Utilizar las manos para aplanarlas y colocarlas en la cesta de la freidora previamente engrasada, sin superponerlas.
3. Freír a 160°C durante 6 minutos, dejar enfriar y servir.

¡Deliciosas!

372 Calorías | 17 g Grasas | 51 g Carbohidratos | 6 g Proteínas

125 Cannoli siciliano

6 porciones | 30 minutos de cocinado

Ingredientes para la corteza

120 g Harina multiusos
2 cdas Mantequilla
1 Yema de huevo
30 ml Vino Marsala

Ingredientes para el relleno

30 ml Nata para montar
150 g Requesón
1 cdita Extracto de vainilla
½ cdita Canela molida

1. Añadir la harina y la mantequilla al bol de un procesador de alimentos y pulsar hasta que se integren. Añadir la yema de huevo y el vino Marsala y pulsar hasta que se forme la masa.
2. Envolverla en papel de plástico y meterla en el refrigerador.
3. Añadir la nata para montar en el bol y batir hasta que se formen picos firmes.
4. Añadir la ricotta, la vainilla y la canela molida y mezclar los ingredientes hasta que estén completamente integrados. Transferir la mezcla a una manga pastelera.
5. Extender la masa de cannoli sobre una superficie ligeramente enharinada hasta que esté muy delgada.
6. Cortar círculos de 8 centímetros y enrollar la masa alrededor de un tubo de cannoli. Colocar en la freidora y cocinar a 205°C durante 5-7 minutos, o hasta que estén crujientes. Sacar con cuidado y dejar enfriar.
7. Rellenar los cannolis con la mezcla de ricotta.

¡Buon appetito!

172 Calorías | 8 g Grasas | 17 g Carbohidratos | 5 g Proteínas

126 Donas glaseadas

12 porciones | 2 horas y 5 minutos de cocinado

Ingredientes

250 ml Leche
2 ½ cdas Levadura instantánea
50 g Azúcar
½ **cdita** Sal
1 Huevo
60 g Mantequilla sin sal, derretida
375 g Harina multiusos
Spray de aceite de coco

Ingredientes para el glaseado

6 cdas Mantequilla sin sal
240 g Azúcar glas
2 **cditas** Extracto de vainilla

1. En un bol, mezclar la leche, 1 cucharadita de azúcar y la levadura. Dejar reposar durante 10 minutos hasta que haga un poco de espuma.
2. Añadir el azúcar, la sal, el huevo, la mantequilla y la mitad de la harina a la mezcla. Amasar hasta que se combine y luego agregar el resto de la harina lentamente. Amasar 5 minutos más.
3. Colocar la masa en un bol engrasado y cubrir con papel de plástico. Dejar que suba en un lugar cálido hasta que se duplique.
4. Colocar la masa en una superficie enharinada, golpearla y extenderla con cuidado hasta que esté bien delgada. Cortar tiras y armar 10-12 donas.

5. Dejar que suban hasta que doblen su volumen, unos 30 minutos más. Mientras, precalentar la freidora a 175°C.

6. Rociar la cesta con aceite en aerosol y colocarlas en una sola capa. Rociarlas con más aceite y cocinar hasta que doren, aproximadamente 4 minutos.

7. Mientras, derretir la mantequilla en una cacerola a fuego medio. Añadir el azúcar glas y el extracto de vainilla hasta que esté suave. Retirar del fuego y añadir una cucharada de agua caliente hasta que el glaseado quede más fino. Reservar.

8. Sumergir los donuts calientes en el glaseado. Colocar en una rejilla para permitir que el exceso de glaseado gotee y dejar reposar 10 minutos.

251 Calorías | 8 g Grasas | 39 g Carbohidratos | 5 g Proteínas

127 Scones de fresas
6 porciones | 40 minutos de cocinado

Ingredientes

180 g Harina multiusos
30 g Azúcar
1 cdita Polvo de hornear
½ cdita Bicarbonato de sodio
½ cdita Sal
6 cdas Mantequilla sin sal
60 ml Buttermilk
50 g Fresas

1. Tamizar la harina, el azúcar, el polvo de hornear, el bicarbonato y la sal en un bol mediano. Cortar la mantequilla fría en trozos pequeños (del tamaño de media cucharada) y añadirla a los ingredientes secos.
2. Utilizar una batidora de repostería o dos tenedores para cortar la mantequilla en la mezcla de harina hasta que se deshaga en trozos muy pequeños. Añadir el buttermilk y remover para obtener una mezcla homogénea.
3. Añadir las fresas a la mezcla de bollos y remover suavemente para obtener una distribución uniforme de las fresas sin aplastarlas.
4. Formar un círculo con la masa y extenderla hasta que tenga un grosor de medio centímetro. Cortar en trozos y ponerla en la cesta engrasada de la freidora.
5. Cocinar a 175°C durante 15 minutos o hasta que los scones estén completamente cocidos, tanto por arriba como por abajo.

¡Riquísimos!

269 Calorías | 14 g Grasas | 39 g Carbohidratos | 4 g Proteínas

128 Plátanos caramelizadas

1 porción | 15 minutos de cocinado

Ingredientes

1 Plátano
1 ½ **cda** Azúcar moreno
½ **cdita** Canela

1. Mezclar el azúcar y la canela en un bol pequeño. Tomar el plátano (con piel) y cortarlo por la mitad, a lo largo (por la parte larga, para que queden dos rodajas). No quitar la cáscara.
2. Forrar la cesta de la freidora con papel pergamino. Colocar las rodajas de plátano dentro, boca arriba, de modo que la cáscara quede hacia abajo. Cubrir cada rodaja con la mezcla de canela y azúcar moreno, extendiéndola de manera uniforme.
3. Freír a 205°C durante 7-10 minutos hasta que esté suave y caramelizada.
4. Sacar con cuidado las mitades de plátano de la freidora de aire y servir en un plato. Cubrir con toppings a gusto.

¡Disfrutar con helado y nueces!

175 Calorías | 1 g Grasas | 45 g Carbohidratos | 1 g Proteínas

129 Rolls de canela

6 porciones | 1 hora y 25 minutos de cocinado

Ingredientes para la masa

120 g Harina multiusos
2 cdas Azúcar
2 cdas Levadura instantánea
½ cdita Sal
2 cdas Mantequilla derretida
40 ml Leche tibia

Ingredientes para el relleno

2 cdas Mantequilla blanda
3 cdas Azúcar moreno
1 cdita Canela molida

Ingredientes para el glaseado

100 g Azúcar glas
2 cditas Leche

1. Mezclar todos los ingredientes de la masa en un bol hasta que se forme bien. Amasarla un par de veces hasta que se alise, colocarla en un bol ligeramente aceitado y dejar tapada para que suba en un lugar cálido, 40 minutos.
2. Mientras la masa sube, combinar los ingredientes del relleno en un bol y remover hasta que estén bien mezclados.
3. Volcar la masa en una superficie enharinada. Extender con cuidado hasta obtener un cuadrado de 20x20. Extender la mezcla de canela sobre la masa dejando unos 2,5 cm en el extremo superior.

4. Enrollar la masa empezando por el lado más cercano al borde de la encimera y cortar en 6 porciones iguales. Colocar los rolls en un molde, tapar y dejar 20 minutos.
5. Destapar los rolls y colocar el molde en la cesta de la freidora. Cocinar a 160°C durante 8 minutos, hasta que estén hinchados y dorados.
6. Mezclar el azúcar glas y la leche en un bol pequeño hasta obtener una textura suave.
7. Retirar la sartén de la freidora, dejar que los rolls se enfríen durante unos 5 minutos, luego rociar con el glaseado y servir.

233 Calorías | 10 g Grasas | 33 g Carbohidratos | 3 g Proteínas

130 Brownie

4 porciones | 25 minutos de cocinado

Ingredientes

1 Huevo
60 g Azúcar
½ cdita Sal
½ cdita Extracto de vainilla
30 g Mantequilla derretida
50 g Harina
30 g Cacao en polvo
Spray de aceite vegetal

1. Batir el huevo, el azúcar, la sal y la vainilla hasta que quede claro.
2. Añadir la mantequilla derretida y mezclar bien. Incorporar la harina y el cacao.
3. Rociar un molde para hornear de 15x15 con aceite en aerosol.
4. Extender la masa en el molde y cocinar a 165°C durante 11 a 13 minutos. Dejar enfriar y cortar en 4 cuadrados grandes o en 16 bocados pequeños.

¡Un clásico para chuparse los dedos!

172 Calorías | 8 g Grasas | 25 g Carbohidratos | 3 g Proteínas

131 Churros

4 porciones | 15 minutos de cocinado

Ingredientes

250 ml Agua
½ cdita Sal
1 cda Azúcar
113 g Mantequilla
120 g Harina multiusos
4 Huevos
1 cdita Canela
1 cdita Azúcar glas

1. Mezclar los 4 primeros ingredientes en una cacerola, llevar a ebullición, removiendo constantemente.
2. Añadir la harina y seguir mezclando bien. Retirar del fuego y seguir revolviendo hasta que la masa se despegue de la sartén.
3. Añadir los huevos de uno en uno, y mezclar hasta que esté suave. Dejar reposar para que se enfríe.
4. Precalentar la freidora a 200°C. Llenar una manga pastelera con la masa y añadir una punta de estrella pequeña.
5. Crear palitos de 5-8 centímetros de largo empujando la masa fuera de la bolsa sobre un papel de pergamino. Si la masa es difícil de manejar, colocar en la nevera durante 30 minutos para que se endurezca.
6. Rociar la cesta o bandeja de la freidora con aceite de coco o spray de cocina.
7. Poner unos 8-10 churros en la cesta. Rociar con aceite por encima y cocinar durante 5 minutos.
8. Una vez hechos y mientras estén calientes, pasar por la mezcla de azúcar glas y canela.

440 Calorías | 28 g Grasas | 40 g Carbohidratos | 9 g Proteínas

132 Crumble de arándanos

4 porciones | 15 minutos de cocinado

Ingredientes para el relleno

500 g Arándanos frescos
60 g Salsa de manzana
2 cditas Azúcar
2 cditas Extracto de vainilla
1 cdita Ralladura de limón

Ingredientes para el crumble

7 cdas Harina multiusos
2 cdas Avena instantánea
3 cdas Azúcar
3 cdas Mantequilla sin sal
½ cdita Sal

1. Lavar los arándanos y colocarlos en la sartén. Mezclar la salsa de manzana con la ralladura de limón, el azúcar y la vainilla y extenderla uniformemente sobre los arándanos.
2. Mezclar los ingredientes secos para el crumble y frotar la mantequilla con los dedos hasta que la mezcla se desmenuce.
3. Repartir las migas uniformemente sobre la mezcla de arándanos y manzanas y hornear a 180°C durante 15 minutos o hasta que esté dorado y las bayas estén blandas.

¡Disfrutar aún caliente!

271 Calorías | 10 g Grasas | 47 g Carbohidratos | 2 g Proteínas

133 Tarta de queso

8 porciones | 35 minutos de cocinado

Ingredientes

300 g Galletas tipo María
400 ml Leche condensada
100 g Mantequilla derretida
2 Huevos
1 cdita Extracto de vainilla
680 g Queso crema, *a temperatura ambiente*

1. Triturar las galletas en un procesador de alimentos. Colocar en un bol pequeño junto con la manteca derretida, integrar y reservar.
2. Engrasar el molde y cubrir el fondo también con papel para horno. Presionar la mezcla de galletas en el fondo, haciendo fuerza con una cuchara para asegurarse de que se adhiera bien.
3. En un bol batir el queso crema a temperatura ambiente hasta que esté cremoso y suave. Añadir los huevos, la leche condensada y la vainilla y seguir batiendo hasta que esté bien suave, 4 minutos aproximadamente.
4. Verter la mezcla de queso crema sobre la corteza de galletas. Se llenará casi por completo hasta el borde un molde de 17 centímetros.
5. Colocar con cuidado el molde en la cesta de la freidora sin precalentar. Cocinar a 150ºC durante 20-22 minutos, o hasta que el centro ya no se mueva.
6. Retirar con cuidado el molde desmontable de la cesta de la freidora y dejarlo enfriar en la nevera durante 6-8 horas-
7. Una vez frío, retirar con cuidado los lados circulares del molde desmontable y colocar la tarta de queso en una fuente de servir.

¡A disfrutar!

726 Calorías | 48 g Grasas | 64 g Carbohidratos | 12 g Proteínas

134 Carrot cake

12 porciones | 55 minutos de cocinado

Ingredientes

225 g Harina Leudante
150 ml AOVE
150 g Azúcar moreno
30 g Azúcar glas
2 Zanahorias grandes
2 Huevos
2 cdas Leche
1 cdita Canela
1 cdita Jengibre molido
½ cdita Nuez moscada

Ingredientes para el glaseado

85 g Queso crema
15 g Mantequilla
60 g Azúcar glas
1 cdita Esencia de vainilla

1. Pelar las zanahorias y rallarlas. Mezclar en un bol con los condimentos, el azúcar y la harina.
2. Hacer un hueco en el centro y agregar los huevos. Añadir el aceite y mezclar bien con un batidor de mano. Añadir poco a poco la leche, no debe quedar espeso.
3. Verter la masa en un molde de silicona y llevarlo a la freidora. Cocinar durante 15 minutos a 180°C, luego reducir la temperatura a 170°C y cocinar durante otros 26 minutos o hasta que un palillo salga limpio.

4. Dejar que se enfríe y mientras tanto preparar el glaseado de queso crema. Añadir el azúcar glas y la mantequilla en un bol y mezclar con la batidora de mano. A continuación, añadir los demás ingredientes y volver a mezclar.
5. Una vez que la tarta se haya enfriado, con un cuchillo de pan cortar la parte superior para nivelar.
6. A continuación, aplicar el glaseado con una cuchara. Utilizar la parte posterior de la cuchara para nivelar el glaseado sobre la parte superior.
7. Enfriar durante una hora antes de cortarlo en 8 partes iguales.

¡Manos a la obra, sorprenderás a todos con esta tarta exquisita!

307 Calorías | 17 g Grasas | 35 g Carbohidratos | 4 g Proteínas

135 Flan de café

9 porciones | 20 minutos de cocinado

Ingredientes

500 ml Leche
150 g Azúcar
100 ml Café
4 Huevos
Caramelo líquido

1. Batir los huevos, agregar el azúcar, la leche y el café. Incorporar bien.
2. Poner los moldes en la cesta de freidora con el caramelo en el fondo. Llenarlos casi hasta el tope con la mezcla.
3. Freír durante 15 minutos a 160ºC, y los últimos 5 minutos bajar a 150°. Una vez listo, dejar dentro de la freidora apagada 2 minutos más.
4. Reservar en el refrigerador por lo menos durante 4 horas antes de consumir.

¡No es que el café de insomnio, es que hace soñar despierto!

125 Calorías | 3 g Grasas | 21 g Carbohidratos | 4 g Proteínas

136 S'mores

2 porciones | 10 minutos de cocinado

Ingredientes

2 Galletas tipo Graham, *partidas en dos trozos cada una*
2 Malvaviscos
6 onzas Chocolate con leche

1. Colocar las 4 mitades de galletas en el fondo de la cesta de la freidora. Colocar un malvavisco encima de dos y el chocolate encima de otras dos.
2. Freír a 190°C durante 1 a 3 minutos o hasta que el malvavisco esté caliente y ligeramente dorado.
3. Retirar con cuidado de la freidora de aire y colocar una galleta con chocolate encima de una galleta con un malvavisco para hacer un sándwich. Repetir con las otras piezas.

¡A disfrutar!

182 Calorías | 7 g Grasas | 22 g Carbohidratos | 2 g Proteínas

137 Buñuelos de plátano
20 porciones | 15 minutos de cocinado

Ingredientes

4 Plátanos maduros, *machacados*
120 g Harina
2 cditas Polvo para hornear
½ cdita Bicarbonato de sodio
½ cdita Sal
½ cdita Canela
1 cdita Extracto de vainilla
2 cdas Azúcar moreno
75 ml Leche

1. Precalentar la freidora a 185°C durante 5 minutos. En un bol, machacar los plátanos con un tenedor y en otro, batir la harina, el bicarbonato, el polvo para hornear y la sal para combinarlos.
2. Añadir el puré de plátano, el azúcar moreno, la canela, la leche y el extracto de vainilla al bol con los ingredientes secos. Mezclar todo hasta que esté completamente combinado.
3. Colocar un forro de papel para horno dentro de la freidora y rociar con aceite de coco en aerosol. Con una cuchara para galletas, transferir las cucharadas de masa a la cesta, dejando espacio entre ellas para que no se peguen después de la cocción.
4. Cocinar durante 7-8 minutos o hasta que los buñuelos tengan un color marrón oscuro y dorado. No dar vuelta.
5. Retirar los buñuelos de la freidora e inmediatamente cubrir con azúcar en polvo o miel y servir.

¡Muy esponjosos!

51 Calorías | 1 g Grasas | 12 g Carbohidratos | 1 g Proteínas

138 Galletas de avena y uvas pasas

8 porciones | 10 minutos de cocinado

Ingredientes

120 g Azúcar
100 g Mantequilla, *blanda*
1 cdita Extracto de vainilla
2 Huevos
120 g Harina multiusos
½ cdita Sal
½ cdita Polvo de hornear
½ cdita Canela
½ cdita Bicarbonato de sodio
180 g Avena instantánea
120 g Uvas pasas

1. En un bol grande, combinar la mantequilla y el azúcar. Batir y añadir los huevos y la vainilla. Seguir revolviendo hasta que la mezcla sea ligera y esponjosa.
2. Añadir la harina, la sal, el polvo de hornear, la canela y el bicarbonato. Mezclar hasta que estén bien combinados.
3. Añadir la avena y las pasas, removiendo para que se integren bien en la masa.
4. Dividir la masa en 8 partes y hacer pequeñas bolitas. Colocarlas en la freidora, espaciadas entre sí para que no se peguen.
5. Freír a 150ºC durante 5-6 minutos, hasta que las galletas estén doradas. Dejar reposar las galletas durante 1-2 minutos antes de servir.

¡Una opción más saludable!

383 Calorías | 13 g Grasas | 63 g Carbohidratos | 6 g Proteínas

139 Melocotones asados con nata

4 porciones | 15 minutos de cocinado

Ingredientes

4 Melocotones, *partidos por la mitad y sin hueso*
60 g Azúcar moreno
1 cdita Canela molida
30 g Mantequilla sin sal, *a temperatura ambiente*
Nata montada fresca y miel, *como guarnición*

1. Cortar los melocotones y sacarles el hueso.
2. En un bol pequeño, mezclar el azúcar moreno, la canela y la mantequilla hasta que estén bien integrados.
3. Colocar los melocotones en la cesta de la freidora con el lado cortado hacia arriba. Espolvorearlos con la mezcla de azúcar moreno.
4. Cocinar durante 7 a 12 minutos, dependiendo de la firmeza de los melocotones, hasta que se caramelicen por encima.

¡Servir con nata montada y miel!

193 Calorías | 8 g Grasas | 29 g Carbohidratos | 1 g Proteínas

140 Pan de plátano
4 porciones | 45 minutos de cocinado

Ingredientes

2 Plátanos, *muy maduros*
60 g Mantequilla, *derretida*
50 g Azúcar moreno
1 Huevo
½ cdita Extracto de vainilla
60 ml Leche
150 g Harina, *tamizada*
½ cdita Bicarbonato de sodio
½ cdita Polvo de hornear
½ cdita Canela
Pizca de sal

1. Colocar los plátanos (sin pelar) en la freidora y cocinar a 180°C durante 15 minutos. Retirar y dejar enfriar.
2. Mezclar la mantequilla y el azúcar en un bol grande. Añadir el huevo, la vainilla y la leche y seguir mezclando.
3. Quitar la piel a los plátanos y triturarlos en un plato. Añadir el plátano machacado al bol y mezclar hasta que esté bien combinado.
4. En un bol aparte, mezclar la harina, el polvo para hornear, el bicarbonato, la canela y una pizca de sal. Verter los ingredientes húmedos encima y remover hasta que estén bien combinados.
5. Dividir la mezcla en dos mini moldes para pan y colocar en la freidora a 160°C durante 20 minutos, o hasta que el pan esté bien cocido y un pincho salga limpio.
6. Dejar en la sartén durante 10 minutos, luego pasar a una rejilla para que se enfríe completamente.

¡Riquísimo!

353 Calorías | 13 g Grasas | 53 g Carbohidratos | 6 g Proteínas

141 Galletas Red Velvet

10 galletas | 55 minutos de cocinado

Ingredientes

1 Huevo
180 g Harina multiusos
2 cdas Cacao en polvo
1 cdita Bicarbonato de sodio
½ cdita Sal
1 cdita Extracto de vainilla
80 g Mantequilla blanda
150 g Azúcar
1 cda Leche
150 g Chips de chocolate blanco
Colorante de alimentos rojo

1. Precalentar la freidora en 160ºC. En un bol mediano, mezclar la harina, la sal, el bicarbonato y el cacao en polvo.
2. En un bol grande, batir la mantequilla y el azúcar durante 5 minutos (se volverá blanca y esponjosa). Después, añadir el huevo, la leche y el extracto de vainilla y seguir batiendo. Añadir el colorante alimentario lentamente hasta lograr el color deseado.
3. Por último, añadir los ingredientes secos a los húmedos y luego incorporar los trozos de chocolate.
4. En cuanto se convierta en masa, cubrir con papel de plástico y llevar a la nevera para que repose durante 30 minutos.
5. Coger un poco de masa con una cuchara o con la mano, hacer pequeñas bolitas y poner en la cesta de la freidora.
6. Hornear durante 5-7 minutos.

129 Calorías | 5 g Grasas | 18 g Carbohidratos | 1 g Proteínas

142 Bizcocho de limón

8 porciones | 35 minutos de cocinado

Ingredientes

120 g Harina
75 g Mantequilla blanda
75 g Margarina
2 Huevos
75 g Azúcar
2 cdas Zumo de limón
1½ cdita Polvo de hornear
1 cdita Extracto de vainilla
Pizca Sal

1. Precalentar la freidora a 160ºC durante 5 minutos.
2. Batir la mantequilla, la margarina, el extracto de vainilla y el azúcar con una batidora o un batidor hasta que esté ligero y cremoso, durante unos 5 minutos. No mezclar demasiado.
3. Añadir los huevos y batirlos en la mantequilla uno a uno. Añadir el segundo huevo cuando el primero se haya incorporado a la mezcla.
4. A continuación, añadir la harina, el polvo para hornear, el zumo de limón y una pizca de sal. Mezclar bien.
5. Coger un poco de mantequilla blanda para untar el molde. Cortar un círculo de papel de horno y ponerlo en el molde para que el pastel no se pegue.
6. Verter la masa en el molde y alisar con una espátula. Colocar el molde en la cesta de la freidora y cocinar durante 20-25 minutos, hasta que esté hecho y dorado.
7. Coger una brocheta de bambú e insertarla en el centro del pastel. Estará hecho cuando salga limpio.
8. Dejar que se enfríe en el molde durante al menos 5 minutos. A continuación, desmoldar y reposar en una rejilla.

179 Calorías | 9 g Grasas | 21 g Carbohidratos | 3 g Proteínas

143 Pudín de pan

2 porciones | 1 hora de cocinado

Ingredientes

225 g Pan francés, *en cubos*
100 ml Nata para montar
60 ml Leche
1 Huevo
150 g Azúcar
1 cda Extracto de vainilla
50 g Mantequilla
Caramelo líquido

1. Es posible hacer uno o dos huevos a la vez, dependiendo de cuántas cacerolas quepan en una rejilla de la freidora. Rociar el molde o los moldes en los que vayas a cocinar los huevos con un poco de AOVE.
2. Romper un huevo en cada molde.
3. Freír los huevos durante 3-5 minutos a 190°C, preferentemente con la posición de la rejilla superior.
4. Asegurarse de que la clara del huevo esté firme y sólida. En cinco minutos, el huevo tendrá una yema bien líquida. Si se desea más firme, dejar unos minutos extra en la freidora.
5. Servir y condimentar con sal y pimienta.

328 Calorías | 3 g Grasas | 66 g Carbohidratos | 2 g Proteínas

144 Pavlova con frambuesas

8 porciones | 40 minutos de cocinado

Ingredientes

4 Claras de huevo
215 g Azúcar glas
1 cdita Almidón de maíz
1 cdita Vinagre blanco
1 cdita Extracto de vainilla

Para servir

Nata montada
100 g Frambuesas

1. Batir las claras de huevo con batidoras eléctricas en un bol limpio y seco hasta que se formen picos firmes. Añadir el azúcar, 1 cucharada cada vez, batiendo constantemente hasta que la mezcla esté espesa y brillante. Añadir el almidón de maíz, el vinagre y la vainilla y batir hasta que se combinen.
2. Romper dos hojas de papel de horno de 38 cm. Poner la mezcla en una hoja y utilizar el dorso de una cuchara para dar forma a un disco de 18 cm de merengue. Hacer una hendidura en el centro y colocar la otra hoja de papel para hornear en la cesta de la freidora. Colocar con mucho cuidado.
3. Freír a 120°C durante 30 minutos. Retirar el cajón de la freidora y dejar la pavlova en la cesta durante 20 minutos para que se enfríe ligeramente antes de pasarla a una rejilla (con el papel de horno) para que se enfríe completamente.
4. Con una espátula grande, transferir cuidadosamente la pavlova a un plato de servir. Cubrir con nata montada, frambuesas.

¡Espolvorear con azúcar glas y disfrutar!

135 Calorías | 2 g Grasas | 31 g Carbohidratos | 2 g Proteínas

145 Galletas de mantequilla de maní

24 porciones | 10 minutos de cocinado

Ingredientes

150 g Mantequilla de maní, cremosa
150 g Azúcar
1 Huevo

1. Mezclar la mantequilla de maní, el huevo y el azúcar en un bol mediano.
2. Añadir un trozo de papel de horno en el fondo de la cesta de la freidora. Con una cuchara de galletas verter la masa en el papel. Marcar horizontalmente con un tenedor.
3. Cocine durante 4-5 minutos a 205°C hasta que estén ligeramente doradas.
4. Retirar la cesta de la freidora y dejar que las galletas se enfríen durante unos minutos antes de sacarlas y colocarlas en una rejilla para enfriar.

¡Una buena opción sin harinas!

98 Calorías | 6 g Grasas | 10 g Carbohidratos | 3 g Proteínas

146 Volcán de chocolate

3 porciones | 15 minutos de cocinado

Ingredientes

90 g Mantequilla sin sal
115 g Chocolate en barra semi amargo
1 Huevo
1 Yema de huevo
3 cdas Azúcar blanco
½ cdita Extracto de vainilla
3 cdas Harina multiusos
Pizca Sal

1. Engrasar 3 moldes de 170 g y reservar. Derretir la mantequilla y el chocolate en un recipiente apto para microondas durante aproximadamente 1 minuto hasta que se derrita, removiendo cada 30 segundos. Reservar.
2. En otro bol grande, batir el huevo, la yema, el extracto de vainilla y el azúcar hasta que estén bien mezclados.
3. A continuación, añadir la harina, la mezcla de chocolate y una pizca de sal y remover hasta que se combinen. Verter la mezcla en los moldes, llenando cada uno hasta la mitad.
4. Colocarlos en la cesta de la freidora y freír a 185°C durante 8-10 minutos.
5. Una vez que estén listos, utilizar un paño de cocina limpio y grueso para sacar los moldes de la cesta de la freidora. Dejar que el pastel se enfríe durante aproximadamente 1 minuto. Con un cuchillo de mantequilla, sacar el pastel del molde y volcarlo en un plato.
6. Servir con nata montada fresca, bayas frescas, o cubierto con azúcar en polvo y disfrutar.

¡Riquísimo!

526 Calorías | 40 g Grasas | 26 g Carbohidratos | 6 g Proteínas

147 Pecanas caramelizadas

8 porciones | 15 minutos de cocinado

Ingredientes

225 g Pecanas
1 Clara de huevo
30 g Azúcar moreno
½ **cdita** Canela

1. Mezclar las pecanas con la clara de huevo. Añadir el resto de los ingredientes y remover hasta que se mezclen uniformemente.
2. Rociar ligeramente la cesta de la freidora con aceite. Añadir las pecanas.
3. Cocinar a 150°C durante 8 a 10 minutos, abriendo la cesta para agitarla a los 5 minutos.
4. Volver a sacudir a los 7 minutos y cada minuto después. Se quemarán muy rápidamente si se dejan demasiado tiempo.

¡A saborear!

226 Calorías | 20 g Grasas | 11 g Carbohidratos | 3 g Proteínas

148 Tartaletas de manzana y ciruela

4 porciones | 40 minutos de cocinado

Ingredientes

2 Ciruelas, *grandes*
1 Manzana
3 cda Azúcar moreno
1 cda Zumo de limón
1 cdita Canela molida
1 Masa de hojaldre
1 huevo
1 cda Azúcar glas

1. Cortar las frutas en rodajas muy finas. Colocarlas en un bol con el azúcar, el jugo de limón y la canela. Remover suavemente para cubrir la fruta y dejarla reposar durante 10 minutos para que suelte sus jugos.
2. Cortar círculos de la hoja de hojaldre de aproximadamente 10 centímetros de diámetro. Colocar en el interior de los moldes redondos líneas en el centro con rodajas de manzana y ciruela. Doblar los bordes, y pintar el hojaldre con el huevo.
3. Precalentar la freidora a 165 ℃. Colocar los moldes para tartas dentro y cocinar durante 8 minutos o hasta que la masa se haya dorado. Sacar de la freidora y cubrir con azúcar glas.

¡A disfrutar!

450 Calorías | 25 g Grasas | 51 g Carbohidratos | 6 g Proteínas

149 Pie de manzana
2 porciones | 30 minutos de cocinado

Ingredientes

1 **cda** Mantequilla
2 Manzanas, peladas y cortadas en dados
40 g Azúcar moreno
½ **cdita** Canela
1 **cdita** Vainilla
1 **cda** Almidón de maíz
1 Hoja de masa de hojaldre
Spray de aceite de coco
1 Huevo
½ **cdita** Azúcar blanco

1. Derretir la mantequilla en una cacerola a fuego medio-alto, luego añadir las manzanas, el azúcar moreno, la canela y la vainilla y remover para combinar. Llevar a ebullición, luego reducir a fuego lento y cubrir con la tapa.
2. Remover cada pocos minutos hasta que las manzanas se ablanden hasta el punto de que se puedan perforar fácilmente con un cuchillo. Mezclar 1 cucharada de harina de maíz y 2 cucharadas de agua fría en una taza y verterla en la cacerola y remover para combinarla. Esto espesará el líquido que quedó en la cacerola. Retirar del fuego y reservar.
3. Cortar dos círculos de masa con una taza. Rociar los moldes con aceite y presionar un círculo de masa en cada uno, presionando suavemente con los dedos para moldear alrededor del fondo y los lados.

4. Dividir la mezcla de manzana en los dos moldes. Cortar el resto de la masa en tiras largas y formar una corteza de rejilla en la parte superior de cada recipiente. Presionar suavemente los extremos de las tiras de hojaldre sobre los bordes de los moldes. Pincelar el enrejado con el huevo batido y una pizca de azúcar.
5. Colocar los moldes en la freidora y hornear a 160°C durante 20 minutos o hasta que la masa esté dorada.

407 Calorías | 21 g Grasas | 53 g Carbohidratos | 4 g Proteínas

150 Chips de plátano

4 porciones | 15 minutos de cocinado

Ingredientes

2 Plátanos, apenas maduros
2 cditas Aceite de coco
½ **cdita** Azúcar moreno
½ **cdita** Canela

1. Precalentar la freidora a 175ºC durante 5 minutos.
2. Cortar los plátanos en rodajas finas. Colocarlas en un bol y cubrir con aceite de coco. Mezclar hasta que se combinen.
3. Poner las rodajas en una sola capa en la freidora, espolvorear con azúcar y canela y freír durante 8-10 minutos, dando vuelta a la mitad. Tienen que quedar ligeramente dorados y crujientes.

¡A disfrutar de este nutritivo snack!

72 Calorías | 2 g Grasas | 13 g Carbohidratos | 1 g Proteínas

Exención de responsabilidad

Este libro contiene opiniones e ideas del autor y pretende proporcionar a las personas conocimientos útiles e informativos. Las estrategias contenidas pueden no ser adecuadas para todos los lectores y no hay garantía de que funcionen de la misma manera. El uso de este libro y la puesta en práctica de la información contenida en el mismo es expresamente bajo su propio riesgo. Quedan expresamente excluidas las reclamaciones de responsabilidad contra el autor por daños y perjuicios de carácter material o inmaterial causados por el uso o no uso de la información o por el uso de información incorrecta y/o incompleta. La obra, incluidos todos sus contenidos, no ofrece ninguna garantía sobre la actualidad, exactitud, integridad y calidad de la información proporcionada. No se puede excluir por completo la existencia de errores de imprenta y de información errónea.

Pie de imprenta
El autor está representado por:
La gran escuela de cocina

Copyright © 2022 La gran escuela de cocina
Todos los derechos reservados.

Printed in Great Britain
by Amazon

14977919R00105